全球融入视域下国有企业改革的创新系统论与中国发展道路

艾德洲 著

中山大學出版社
SUN YAT-SEN UNIVERSITY PRESS
·广州·

图书在版编目（CIP）数据

全球融入视域下国有企业改革的创新系统论与中国发展道路/艾德洲著.—广州：中山大学出版社，2020.3
ISBN 978-7-306-06840-8

Ⅰ.①全…　Ⅱ.①艾…　Ⅲ.①国有企业—企业改革—研究—中国
Ⅳ.①F279.241

中国版本图书馆CIP数据核字（2020）第023620号

全球融入视域下国有企业改革的创新系统论与中国发展道路
QUANQIU RONGRU SHIYUXIA GUOYOUQIYE GAIGE DE CHUANGXIN XITONGLUN YU ZHONGGUO FAZHAN DAOLU

出 版 人：王天琪
策划编辑：曾育林
责任编辑：曾育林
封面设计：曾　斌
责任校对：潘惠虹
责任技编：何雅涛
出版发行：中山大学出版社
电　　话：编辑部020-84110283，84111996，84111997，84113349
　　　　　发行部020-84111998，84111981，84111160
地　　址：广州市新港西路135号
邮　　编：510275　　传　　真：020-84036565
网　　址：http://www.zsup.com.cn　E-mail：zdcbs@mail.sysu.edu.cn
印 刷 者：佛山市浩文彩色印刷有限公司
规　　格：787mm×1092mm　1/16　8.875印张　160千字
版次印次：2020年3月第1版　2020年3月第1次印刷
定　　价：38.00元

如发现本书因印装质量影响阅读，请与出版社发行部联系调换

本书获得国家自然科学基金青年项目“负面清单政策‘空转’与自贸区引导式监管改革的‘离合’效应：机理与实证研究”（71904023）的资助

序　　言

本书是在笔者博士论文的基础上，结合自由贸易试验区全面开放环境下的国资国企最新改革探索，融合而来。笔者博士论文以理论分析为主，虽部分内容略显陈旧，但回顾主要内容，仍有理论分析和研判对当前国资国企改革实践具有一定的预见性和指导性，故决定保留。

本书与以往研究的不同：一是将国资国企改革置于全面开放新格局中，将国内、国际两个规则相对接，是自由贸易试验区全面开放平台国资国企改革的准自然实验，是国内和国际两种制度环境下的融合语境视角；二是将国资国企改革视为“制度环境”下的改革，以往大量权威研究对国有企业的支持与批判都相对脱离了市场主体与特定“制度环境”的互动，将外部“制度环境”视为既定事实。本书提出的科斯定理改进“即，不管初始产权如何界定，降低交易费用、打破垄断与合谋，可以使得外部性能够通过谈判等手段被内部化从而得到解决，并且，迫使科层配置资源的成本下降，市场机制会使得资源配置达到帕累托更优，市场效率与管理效率达到双重提升。”这是一个制度性的动态分析框架。中国国有企业改革是一个与制度环境高度相关的范式问题。本书在提出科斯定律改进的范式框架下，将国有企业与民营企业的两个市场“竞争分割”相融合。研究全球融入和全面开放视域下国有企业的竞争优势塑造、制度变迁与创新引领、规则重塑与制度输出问题。从而构造了本书具有特色的研究视角与分析框架。

本书的博士论文部分在吉林大学中国国有经济研究中心徐传谌教授的指导下完成，在吉林大学经济学院取得经济学博士学位。在最新的国际经贸规则下研究的准入与竞争促进问题来源于“负面清单与自贸区引导式监管改革”系列课题支持，包括国家自科基金项目、辽宁省教育厅项目和院内招标课题各一项。相关研究发表了多篇权威期刊论文，并获得了中共辽宁省委、辽宁省政协主要领导的批示。多篇研究报告被民建中央单篇采纳并报送全国政协。一路走来，国有企业的研究为我引路，让我入门，笔者已经从民建广东九大最年轻的省代表逐步成长为民建中央第十一届青年工作委员会委员。从进入自由贸易试验区智库研究工作以来，得到过中山大学自贸区综合研究院、广东自由贸易试验区广州南沙新区片区、深圳前海蛇口片区的研究和调研支持。进入东北财经大学辽宁（大连）自贸区研究院以来，获得了来自校内、院内和自贸区基层部门的大力支持。从这本书的写作与形成来看，是致敬来自各方的支持和帮助，也是致敬“初心”。从象牙塔的学术研究少年，到励志服务社会、服务中国特色社会主义基层深化改革的青年，“初心”和热情仍在。感恩过往，感激“你们”。

著　者

2020 年 1 月 26 日，大年初二

于父母家中

目　录

内在逻辑编

发展导向编

实践问题与政策分析编

内在逻辑编

第一章　国有企业改革与中国发展道路的内在联系

一、历史观与必然性

（一）国有经济的由来与发展

国有经济是指生产资料归国家所有的一种经济类型，是社会主义公有制经济的重要组成部分。根据《中华人民共和国宪法》第七条规定："国有经济，即社会主义全民所有制经济，是国民经济中的主导力量。国家保障国有经济的巩固和发展。"在中国进行社会主义改造之后，到1978年改革开放之前，出现了向国有经济一边倒的情况，国有经济对国民经济体系具有绝对的统治力。然而，在当时，"国有经济"一词还并未被广泛使用。1993年，第八届全国人大一次会议通过宪法修正案，用"国有经济""国有企业"取代"国营经济""国营企业"。也就是说，在当时，"国营经济"与"国有经济"所指的是同一客体。顾名思义，本文研究的国有经济，即政府代表人民经营的经济形式。然而，国家经营①的客体具有经营和组织的范畴，可以被认为是企业，并且，此类客体配置资源的方式等同于对市场配置资源的替代，从组织经营和市场替代两个方面来看，此客体都可以被等同于企业。因此，本文认为，在当时，国营经济几乎可以等同于国营企业的总和或总称。所以，探讨国有经济的由来，等同于探讨国营经济或国营企业的由来。

---

① "国家经营"，即国家代表人民经营，与文中的"国家经营"同义。

新中国成立初期国营经济的主要来源由三部分构成，即没收、赎买和建设。没收与赎买都是针对已存在的非公有制企业，建设则是针对实际需要而产生。早在抗日战争时期，中国共产党就提出了没收官僚资本的基本政策。1940 年 1 月，毛泽东同志在《新民主主义论》中指出："大银行、大工业、大商业，归这个共和国的国家所有。'凡本国人及外国人之企业，或有独占的性质，或规模过大为私人之力所不能办者，如银行、铁道、航路之属，由国家经营管理之，使私有资本制度不能操纵国民之生计，此则节制资本之要旨也。'" 1945 年 4 月，毛泽东同志在中共七大所做的政治报告中指出：国民党主要统治集团所代表的是中国的大地主、大银行家、大买办阶层的利益。它"一面在口头上宣称要发展中国经济，一面又在实际上积累官僚资本，亦即大地主、大银行家、大买办的资本，垄断中国的主要经济命脉，而残酷地压迫农民，压迫工人，压迫小资产阶级和自由资产阶级"。为此，毛泽东重申了孙中山关于"节制资本之要旨"，指出独占性的或者规模过大的企业，应由国家经营，并把"要求取缔官僚资本"列入了党的具体纲领。1947 年 12 月 25 日，毛泽东同志在《目前形势和我们的任务》的报告中，明确指出，"没收蒋介石、宋子文、孔祥熙、陈立夫为首的垄断资本归新民主主义的国家所有"是新民主主义革命的三大经济纲领之一。随着人民解放战争的胜利和城市的收复，没收官僚资本工作全面展开，中国共产党对没收工作发布了一系列指示，进一步明确了没收官僚资本的政策界限。1949 年 4 月 15 日，由中国共产党代表在同国民党政府代表团谈判时提出的《国内和平协定（最后修正案)》规定："凡属南京国民政府统治时期倚仗政治特权及豪门势力而获得或侵占的官僚资本企业（包括银行、工厂、矿山、船舶、公司、商店等）及财产，应没收为国家所有"；"其中，如有私人股份，应加清理经证实确为私人股份并非由官僚资本暗中转移者，应予承认并许其有留股或退股之自由"；"凡官僚资本属于南京国民政府统治时期以前及属于南京国民政府统治时期而为不大的企业且与国计民生无害者，不予没收。但其中若干人物，由于犯罪行为，例如：罪大恶极的反动分子而为人民告发并审查属实者，仍应没收其企业及财产”。[①] 随着政权的稳固，中国共产党推动了新的社会主义改造，在社会主义改造时期，非没收的私营企业几乎都被和平赎买。

国营企业的建设最早可以追溯到土地革命时期，中国共产党就在其创建的根据地、解放区兴办起一些公营企业。在中央苏区、湘鄂西苏区、鄂豫皖苏区和其他苏区都相继建立过一批兵工厂、子弹厂、炸弹厂、被服厂、纺织厂、炼铁厂，一般各厂拥有工人数百人甚至数千人。抗日战争时期，在抗日根据地内，公营经济得到进一步的发展。1938 年，陕甘宁边区政府，先后建立了纺织厂、造纸厂、被服厂、农具厂和制药厂等。到 1941 年，公营工业中已有纺织厂 36 个、造纸厂 12 个、机械修理厂 6 个、印刷厂 3 个、木工厂 10 个、化学厂 8 个。此外，还有石油、瓷窑、皮革、制毡、面粉、麻绳、打铁等工厂，总计 97 个，拥有职工 7000 多人。1944 年，各公营工厂的工人已达 12000 人。机器制造业已开始为印刷、造纸、纺织、肥皂等工厂配制零件。同时，公营贸易事业也有很大发展。1942 年，边区政府物资局的所属土产公司有 8 个分公司，盐业公司有 123 个骡马店。在其他根据地，公营经济也有较大发展。晋绥区 1945 年有纺织厂 6 个，年产布 54600 尺。华中根据地淮北苏皖边区自 1941 年秋开始，创办了淮北工厂，这个工厂分设纺纱、织布、化学、被服、造纸、纺纱机器制造六部，自当年 12 月统计至 1942 年 8 月，9 个月生产了布 1335 尺、毛巾 352 条、白纺纱 56745 斤、纸 82800 张、肥皂 410 条、土碱 40 斤、墨水 25 斤，解决了边区的部分需求。山东根据地 1945 年各类公营工厂达 88 个，其中，染织厂 17 个、丝绸厂 9 个、肥皂厂 7 个、造纸厂 7 个、化学工厂 8 个。此外，还有金矿、煤矿，矿工约 1 万人。1944 年，产金 1000 多两，产煤约 1800 万斤。抗日战争胜利后，公营经济进一步发展。中华人民共和国成立后，各解放区的公营企业自然地转归新中国所有，成为社会主义性质的国营企业。这部分企业虽然数量不多，规模有限，但它是新中国社会主义国营经济的来源和基础

---

① 张浩：《新中国建立初期国营经济的产生及其历史作用——以北京市情况为例》，载《企业导报》2009 年第 10 期，第 10 - 13 页。

之一，是社会主义国营经济的最初最早的前身。[①]

然而，随着时间的推演，“大跃进”和国营经济一边倒的恶果逐步显现，生产力决定生产关系，解决问题应当因时因地制宜，不能脱离实际情况。这要求党和政府实事求是、与时俱进地面对和解决经济发展与民生问题。这就是当代国有企业改革、国有经济多元化改革的背景。当时，国营企业管理成本过高和经营效率低下要求国营经济需要优胜劣汰，并只保留控制力。这里需要指出，对质的把握并不否定对量的要求，但从对量的要求到对质的把握，是国有企业改革的飞跃。在这一过程中，国有经济并不仅局限于可经营的领域，或者说不仅限于企业范畴，这就是所谓的国有经济多元化改革，这为当代国有企业改革提供了制度保障，国有企业逐步参与市场竞争，并与市场经济相融合。改革开放之后的国有企业改革可以分为四个阶段：第一阶段（1979—1986 年），国有企业经营权层面的改革，重点在于对国有企业的“放权让利”，当时还是国营企业，政企并未分离，企业利润留成的实行调动了企业经营的积极性。第二阶段（1987—1992 年），国有企业改革从经营权层面向所有权层面过渡，重点在于国有企业所有权和经营权的分离，政企分离的实行扩大了企业经营的自主权，也为搞活社会主义市场经济奠定了基础。第三阶段（1993—2002 年），建立现代企业制度的改革，重点在于使国有企业成为“产权清晰，权责明确，政企分开，管理科学”的现代企业。在现代企业产权结构的制约下，政府不能再直接地控制和经营国有企业。[②] 第四阶段（2003 年至今），完善现代企业制度的改革，实现投资主体的多元化改革，重点在于国有企业的股份制改造。2003 年 3 月，国务院国有资产监督管理委员会正式成立，国务院授权国有资产监督管理委员会代表国家履行出资人职责，负责监管中央所属企业（不含金融类企业）的国有资产。2003 年 10 月，中共十六届三中全会指出，我国应积极推行公有制的多种有效实现形式，加快调整国有经济的布局和结构。要适应经济市场化不断发展的趋势，进一步增强公有制经济的活力，大力

---

① 涂克明：《国营经济的建立及其在建国初期的巨大作用》，载《中共党史研究》1995 年第 2 期，第 44 – 48 页。

② 谷书堂、谢思全：《国有企业改革的回顾与思考》，载《经济纵横》2002 年第 9 期，第 2 – 6 页。

发展国有资本、集体资本和非公有资本等参股的混合所有制经济，实现投资主体的多元化，使股份制成为公有制的主要实现形式。需要由国有资本控股的企业，应区别不同情况实行绝对控股或相对控股。建立归属清晰、权责明确、保护严格、流转顺畅的现代产权制度，有利于维护公有财产权，巩固公有制经济的主体地位；有利于保护私有财产权，促进非公有制经济的发展；有利于各类资本的流动和重组，推动混合所有制经济的发展；有利于增强企业和公众创业创新的动力，形成良好的信用基础和市场秩序。这是完善基本经济制度的内在要求，是构建现代企业制度的重要基础。[①] 不难看出，在当代国有企业改革过程中，性质问题被逐步淡化了，但性质问题的淡化，并不意味着性质问题是可以让步的。将当代国有企业改革的终点列为国有企业的全面私有化是不合逻辑、不合理论，也不合现实情况的。因为社会主义改革出现过问题，就完全否定社会主义性质和社会主义方向也是不合情理的。

（二）国有经济的性质及作用

国有经济（国营经济）是社会主义性质的经济。社会主义国营经济的建立，确保了中华民族的独立和人民民主新生政权的巩固。社会主义国有经济（国营经济），以生产资料的全民所有制为基础，它为新中国的人民民主专政奠定了经济基础，为发展生产、繁荣经济提供了物质保障。它对中国共产党在新中国成立初期稳定政治大局、克服财经困难以及开展其他各项斗争都起到了极为重要的保障作用。社会主义国营经济的建立，保证了我国经济发展的社会主义方向。官僚资本主义企业，从被接收的那一天起，随着所有制关系的改变，性质就发生了根本变化，成为社会主义性质的国营企业。接着，党和政府对这些企业进行民主改革和生产改革，比较彻底地消除了这些企业中帝国主义、封建主义和官僚资本主义的残余，全面地建立和巩固了社会主义的生产关系。实现经营企业化和生产现代化，进一

---

① 《中共十六届三中全会在京举行》，载《人民日报》2003 年 10 月 15 日，第 1 版。

步地解放和发展了生产力。[①] 社会主义国有经济（国营经济）领导地位的确立，使人民政府控制了国家经济命脉和足以操纵国计民生的事业，为中国由半殖民地半封建的轨道转向新民主主义轨道提供了物质基础。《中国人民政治协商会议共同纲领》明确指出："国营经济为社会主义性质的经济。凡属有关国家经济命脉和足以操纵国民生计的事业，均应由国家统一经营。凡属国有的资源和企业，均为全体人民的公共财产，为人民共和国发展生产、繁荣经济的主要物质基础和整个社会经济的领导力量。"[②] 1948 年 9 月，毛泽东同志在中共中央政治局扩大会议上首次提出：未来新中国的国营经济将是社会主义性质的国营经济，未来新中国的经济制度也将是以社会主义国营经济为主导的多种经济成分并存的经济制度。这种新的经济制度是社会主义性质的。[③] 新中国成立前后，中央人民政府依靠国营经济的力量制止了从 1949 年 4 月到 1950 年 2 月商业资本家掀起的四次物价暴涨的风潮，接着又运用国营经济的力量，在短时期内取得了国家财政收支的平衡，抑制了通货膨胀，稳定了物价，取得了财经工作的好转，保证了民生。[④] 总的来说，旧中国政治上不能独立，经济上落后贫困，根本原因是政权和经济命脉没有掌握在自己的手里。然而，在当时过于强调国营经济和社会主义性质是不符合当时生产力要求的，在社会主义改造以后（尤其是 1958 年以后），新中国实行了彻底消灭私有制的政策，不恰当地强调了社会主义经济成分的单一性，没有认识到社会主义初级阶段经济成分的多样性和复杂性，这使得新中国的经济走向了另一个不符合历史规律的极端。改革开放以后，中国共产党和中国政府与时俱进，适时地结束了国营经济一统天下的经济体制，引入了市场经济、调整了经济组成结构。为适应社会主义市场经济体制，中国共产党和中国政府改国营经济为国有经济，确立了以公有制经

---

① 涂克明：《国营经济的建立及其在建国初期的巨大作用》，载《中共党史研究》1995 年第 2 期，第 44 – 48 页。

② 张浩：《新中国建立初期国营经济的产生及其历史作用——以北京市情况为例》，载《企业导报》2009 年第 10 期，第 10 – 13 页。

③ 王占阳：《从新民主主义国营经济到社会主义国营经济——关于毛泽东新中国国营经济性质思想演变的历史考察》，载《史学集刊》2004 年第 3 期，第 53 – 61 页。

④ 陈士军：《对国营经济在中国领导地位确立及作用的历史考察》，载《河南大学学报（社会科学版）》2006 年第 1 期，第 98 – 101 页。

济为主体，多种所有制经济共同发展的基本经济制度，极大地发展了社会主义社会的生产力，丰富了人民群众的物质生活和文化享受，加快了中国特色社会主义的经济建设。

（三）国有经济的历史地位与使命

回顾历史，人们可以更清晰地把握当前，也能够更加理解当时人们都做了什么，为什么那么做。而对未来的展望，建设者们必须有方向，而方向则来自信念①，这就要求我们应该知道我们所处的历史地位，以及我们要完成的使命。

1. 历史唯物主义视角下的矛盾运动趋势

历史唯物论指明生产力决定生产关系，生产关系一定要适应生产力的发展而变革。对唯物史观的基本原理可做如下概括：社会存在决定人们的社会意识，社会意识对社会存在具有反作用。物质生活的生产方式制约着整个社会生活、政治生活和精神生活的过程。生产力是推动社会发展的最终决定力量，在生产力的诸多要素中，劳动资料尤其是生产工具的性质占有最主要的地位，不仅是衡量人类劳动力的测量器，也是表明社会经济形态发展阶段的指示器；人即劳动者也占有特别重要的地位，人是生产过程的主体和构成社会生产力的基础；科学技术也起到越来越重要的作用。物质生产方式由生产力和生产关系的总和构成，生产关系的总和构成社会的经济基础，由法律的、政治的、宗教的、艺术的或哲学的等一系列意识形态构成社会的上层建筑。生产关系一定要适合生产力的发展水平，上层建筑一定要适应经济基础，是不以人的意志为转移的客观规律。同时，生产关系对生产力、上层建筑对经济基础的发展具有阻碍或促进的反作用；经济基础与上层建筑之间、上层建筑的各种因素之间的交互作用，影响着社会历史的发展。生产力和生产关系的矛盾是人类社会的根本矛盾，也是社会形态存在和发展的根本动力。“社会的物质生产力发展到一定阶段，便同

---

① 此处所提的信念类似于信仰，它是更高尚的追求，而个人更高尚的追求，应当是“己所不欲，勿施于人”并且“己所欲之，慎施于人”的。个人更高尚的追求对于建设者而言，是应当具备的，但是，个人更高尚的追求不能强加于他人。个人追求属于个体选择，可以脱离当时的物质基础，但具体的改革和建设应当符合时代特征。

它们一直在其中活动的现存生产关系或财产关系（这只是生产关系的法律用语）发生矛盾。于是，这些关系便由生产力的发展形式变成生产力的桎梏。那时，社会革命的时代就到来了。随着经济基础的变更，全部庞大的上层建筑也或慢或快地发生变革。"① 但是，旧有的上层建筑会对经济基础的变更进行极力的抵制和反抗，不过，它只能延缓社会变革的进程，而不能改变社会形态演进的总趋势。

社会形态演进的客观规律指明社会主义必将取代资本主义。马克思运用唯物史观研究了人类社会形态的演进，发现人类社会形态演进是一个由低级到高级的前进上升运动，其演进的秩序是：原始共产主义社会→奴隶社会→封建社会→资本主义社会→共产主义社会，而社会主义社会是资本主义社会和共产主义社会之间的过渡期。人类社会形态演进之所以会存在这样一个秩序，是由生产力和生产关系的矛盾运动推动的。马克思指出："无论哪一个社会形态，在它们所能容纳的全部生产力发挥出来以前，是决不会灭亡的；而新的更高的生产关系，在它存在的物质条件在旧社会的胎胞里成熟以前，是决不会出现的。所以人类始终只提出自己能够解决的任务，因为只要仔细考察就可以发现，任务本身，只有在解决它的物质条件已经存在或者至少是在形成过程中的时候，才会产生。大体说来，亚细亚的、古代的、封建的和现代资产阶级的生产方式可以看作社会经济形态演进的几个时代。资产阶级的生产关系是社会生产过程的最后一个对抗形式，这里所说的对抗，不是指个人的对抗，而是指从个人的社会生活条件中生长出来的对抗；但是，在资产阶级社会的胎胞里发展的生产力，同时又创造着解决这种对抗的物质条件。"② 目前，解决这种对抗的物质条件已经形成，这就是在资本主义生产关系下迅速发展的社会化大生产和伴随社会化大生产而发展、壮大、觉醒，从而能够自为的无产阶级，因此，社会主义取代资本主义也就成为人类社会形态发展的历史必然。

---

① 马克思：《〈政治经济学批判〉序言》，见《马克思恩格斯选集》第2卷，人民出版社2013年版，第82－83页。

② 马克思：《〈政治经济学批判〉序言》，见《马克思恩格斯选集》第2卷，人民出版社2013年版，第83页。

2. 按劳分配与共同富裕

马克思主义创始人所设想的社会主义最主要的特征是：全民所有制、“按劳分配”、消灭剥削、共同富裕。由于客观历史进程所限，马克思和恩格斯对未来社会的经济特征只是进行了本质的、大概的论述。我们可以将这些论述大致归于以下几个方面：

第一，消灭私有制，实行生产资料国家所有制。在《共产党宣言》中，马克思和恩格斯庄严宣告：“共产党人可以用一句话把自己的理论概括起来：消灭私有制。”① 马克思、恩格斯指出无产阶级在夺取政权后，“将利用自己的政治统治，一步一步地夺取资产阶级的全部资本，把一切生产工具集中在国家即组织成为统治阶级的无产阶级手里，并且尽可能快地增加生产力的总量”②。

关于社会主义公有制采取什么形式，在马克思主义创始人论述中有三种：①国家所有制。“无产阶级将取得国家政权，并且，首先把生产资料变为国家财产。”③ ②自由人联合体所有制，“生产资料的全国性集中将成为由自由平等的生产者的联合体所构成的社会的全国性基础，这些生产者将按照共同的合理的计划自觉地从事社会劳动”④。③土地集体所有制。在总结巴黎公社革命经验和反对巴枯宁主义的斗争中，马克思还提出了土地集体所有制的概念，他指出，无产阶级掌握国家政权后，“一开始就应当促进土地私有制向集体所有制的过渡，使农民自己通过经济的道路来实现这种过渡”⑤。

第二，个人消费品实行“按劳分配”，消灭了剥削制度。分配关系是生产关系的一个方面，它是由生产资料所有制，即劳动者同生产资料相结合的性质和形式所决定的。马克思说：“消费资料的任何一种分配，都不过是生产条件本身分配的结果。而生产条件的分配，则表现生产方式本身的性

---

① 马克思、恩格斯：《马克思恩格斯选集》第1卷，人民出版社2013年版，第265页。
② 马克思、恩格斯：《马克思恩格斯选集》第1卷，人民出版社2013年版，第272页。
③ 恩格斯：《马克思恩格斯选集》第3卷，人民出版社2013年版，第320页。
④ 马克思：《马克思恩格斯选集》第2卷，人民出版社2013年版，第454页。
⑤ 马克思：《马克思恩格斯选集》第2卷，人民出版社2013年版，第635页。

质。”[1] 马克思在这里所说的“生产条件”，就是指生产资料归谁所有，即生产资料所有制问题。在社会主义社会，由于实行了生产资料公有制，每个人除了自己的劳动，谁都不能提供其他任何东西；另一方面，除了个人的消费资料，没有任何东西可以成为个人财产。“至于消费资料在各个生产者中间的分配，那末这里通行的是商品等价物的交换中也通行的同一原则，即一种形式的一定量的劳动可以和另一种形式的同量劳动相交换。”[2] “所以，每一个生产者，在作了各项扣除之后，从社会方面正好领回他所给予社会的一切。他所给予社会的，就是他个人的劳动量。”[3] 由于每个人的劳动能力和劳动态度不同，为社会提供的劳动量也会不同，从社会领回的消费品的量也会不同，列宁对此分析指出：“所以，在共产主义第一阶段还不能做到公平和平等，富裕的程度还会不同，而不同就是不公平。但是人剥削人已经不可能了，因为那时已经不能把工厂、机器、土地等生产资料攫为私有了。”[4]

第三，社会主义生产是有计划发展的。社会主义公有制的建立，使社会生产可以按照统一的计划去组织。恩格斯认为，“一旦社会占有了生产资料，商品生产就将被消除，而产品对生产者的统治也将随之消除。社会生产内部的无政府状态将为有计划的自觉的组织所代替”[5]。可见，马克思主义创始人是把社会生产的计划性看作社会主义经济的一个重要特征。社会主义经济实行计划调节的目的，就是使国民经济有计划按比例地协调发展，使社会生产资料能够得到合理的配置，从而使社会生产摆脱盲目的无政府发展状态和经济危机的威胁。

第四，社会主义社会的生产目的是满足全体社会成员的需要。马克思、恩格斯指出：“在资产阶级社会里，活的劳动只是增值已经积累起来的劳动的一种手段。在共产主义社会里，已经积累起来的劳动只是扩大、丰富和

---

① 马克思：《马克思恩格斯选集》第3卷，人民出版社2013年版，第13页。

② 马克思：《哥达纲领批判》，见《马克思恩格斯选集》第3卷，人民出版社2013年版，第11页。

③ 马克思：《哥达纲领批判》，见《马克思恩格斯选集》第3卷，人民出版社2013年版，第10－11页。

④ 列宁：《国家与革命》，见《列宁选集》第3卷，人民出版社2013年版，第251页。

⑤ 恩格斯：《马克思恩格斯选集》第3卷，人民出版社2013年版，第323页。

提高工人的生活的一种手段。”[1] 社会主义社会生产目的是满足全体社会成员不断增长的物质和文化的需要，实现共同富裕，保证人的体力和智力获得充分自由的发展和运用，这是社会主义经济的一个极为重要的特征。

根据以上马克思主义关于社会主义公有制的理论，中国共产党在新中国成立初期制定了向社会主义过渡时期的“一化三改”的总路线，“党在过渡时期总路线的实质，就是使生产资料的社会主义所有制成为我国国家和社会的唯一的经济基础”[2]。在过渡时期总路线的指引下，国营经济获得了迅速的发展和壮大，到 1978 年，国营经济已经在整个国民经济体系中占据了绝对的统治地位，国营工业企业在中国的工业总产值中所占比重已达到 79%。1952—1978 年，国有资产从 269.4 亿元增加到 131828.7 亿元，平均增长速度是 11.337%。[3] 这些初步奠定了社会主义大工业的基础。同时，必须指出，我国的社会主义还在初级阶段，具有相当的复杂性。跨越式的发展应当准许符合生产力的生产关系作为过渡。

根据以上马克思主义理论和中国社会主义建设的实践，新中国建立和发展的国有经济，绝不是封建社会就有的国有经济，也不是在近现代资本主义国家存在的国有经济，新中国国有经济的性质是全民所有制，国家代表全民行使所有者权益，是社会主义最重要的经济基础。其历史地位应当是在社会主义向共产主义过渡时期，适应社会化大生产要求而建立的生产资料社会化占有的先进生产关系形式，它是实行“按劳分配”、国民经济有计划发展的经济基础。它的历史使命是解放和发展生产力，创造比资本主义更高的劳动生产率和发展速度，迅速增加社会财富，消灭剥削，实现共同富裕，保障社会经济发展的社会主义方向，为未来实现“各尽所能，按需分配”的共产主义创造条件。“国企必须从营利性领域中退出”论者，把国有企业的性质定义为“非营利性公法企业”，把国有企业改革的历史使命规定为仅仅是“推动市场化”是完全与理论和现实相违背的。

---

① 马克思、恩格斯：《马克思恩格斯选集》第 1 卷，人民出版社 2013 年版，第 266 页。

② 毛泽东：《关于党在过渡时期的总路线》，见《毛泽东著作选读》下册，第 705 页；转自《马克思主义思想宝库》，第 507 页。

③ 吴晓梅、邓智琦：《我国所有制结构的变化及其原因》，载《兰州大学学报》（社会科学版）1991 年第 1 期。

3. 国有经济与社会化大生产

资本主义社会基本矛盾运动趋势指明资本主义私有制已成为社会化大生产的桎梏，只有用公有制取代私有制才能进一步解放和发展生产力。马克思和恩格斯运用唯物史观，在《资本论》和《共产党宣言》等著作中，透视了资本主义最深层的经济关系，发现了资本主义社会基本矛盾运动趋势，科学地揭示了资本主义产生、发展和必然灭亡的自然历史过程，阐明了无产阶级的社会地位和历史使命。

资本主义的产生和发展，是以资本主义生产方式确立以前的资本原始积累为出发点。资本的原始积累，依靠强制的手段进行剥夺，使千千万万的小生产者丧失生产资料而成为一无所有的自由劳动者，将生产资料集中在少数人手里而转化为资本，对“自由劳动者”进行残酷的剥削。因此，马克思说：“资本来到世间，就是从头到脚每个毛孔都滴着血和肮脏的东西。”[①] 资本主义生产方式确立以后，在追逐剩余价值这一资本主义生产方式的绝对规律及价值规律和弱肉强食、“大鱼吃小鱼”的资本主义市场竞争规律的作用下，加速了资本的积聚与集中，使资本的规模不断扩大，导致了三个方面的后果：第一，生产社会化的发展。马克思指出：“规模不断扩大的劳动过程的协作形式日益发展，科学日益被自觉地应用于技术方面，土地日益被有计划地利用，劳动资料日益转化为只能共同使用的劳动资料，一切生产资料因作为结合的社会劳动的生产资料使用而日益节省，各国人民日益被卷入世界市场网，从而资本主义制度日益具有国际的性质。”[②] 这使得资本主义生产在广度和深度方面都进一步社会化。第二，相对过剩的人口——产业后备军的形成。资本的规模越大，越是受竞争的驱使从而提高劳动生产率，也具备了更多的提高劳动生产率的条件，于是就要改进装备水平，采用新技术。因此，资本的有机构成就不断提高，即在全部资本中，不变资本的相对量日益增加，可变资本的相对量日益减少。这也是资本主义发展的一种必然趋势。其结果是：一方面，资本对劳动力的需求日益相对地减少，在某些部门或企业，有时可能绝对地减少；另一方面，是

① 马克思：《马克思恩格斯全集》第23卷，第829页。

② 马克思：《马克思恩格斯全集》第23卷，第831页。

劳动力对资本的供给，（由于在竞争中大量小资本家、小业主、手工业者及个体农民的破产而使其涌向劳动市场，工人工资太低而迫使一些工人的妻子儿女谋求职业等原因）大量地增加。因此，造成大批失业者，即资本主义制度所特有的相对过剩人口。这个相对过剩人口，既是资本主义社会的必然产物，又是资本主义生产方式存在和发展的一个重要条件。因为资本主义经济总是危机与高涨更迭出现的，对劳动力的需求也会更迭地增减，一个相对过剩的失业人口，正好适应了这种需要，所以马克思将相对过剩人口称作产业后备军。产业后备军的存在，又更加有利于资产阶级对在业工人的剥削和压迫。第三，社会财富分配的两极分化和阶级矛盾的激化。随着资本的积聚与集中，垄断资本巨头不断增加，社会财富越来越集中在少数人手里，而多数人贫困、退化、受压迫、奴役和剥削的程度不断加深，与此同时日益壮大的、由资本主义生产过程本身的机构所训练的、联合和组织起来的工人阶级的反抗也不断增长，成为资产阶级的掘墓人。生产社会化的发展和生产资料私人占有这一资本主义基本矛盾日趋激化，资本主义生产关系成为生产力进一步发展的桎梏。马克思指出："资本的垄断成了与这种垄断一起并在这种垄断之下繁盛起来的生产方式的桎梏。生产资料的集中和劳动的社会化，达到了同它们的资本主义外壳不能相容的地步。这个外壳就要炸毁了。资本主义私有制的丧钟就要响了。剥夺者就要被剥夺了。"[①] 资本主义生产方式在最大限度地追求剩余价值的过程中使阶级矛盾日益激化，其结果必然是这种生产方式的崩溃。生产的社会化必然要求生产资料占有的社会化，不管斗争多么复杂、曲折和艰难，无产阶级战胜资产阶级，社会主义代替资本主义，是人类社会发展的必然趋势和客观规律。

19世纪末20世纪初，资本主义由自由竞争进入垄断阶段，即帝国主义阶段。列宁根据马克思主义的基本原理，分析和总结了马克思《资本论》出版以后半个世纪资本主义发展的新情况和无产阶级革命斗争的新经验，对帝国主义做了全面系统的考察，揭示了帝国主义的深刻矛盾和必然灭亡的历史规律。列宁指出："帝国主义是资本主义的特殊历史阶段。这种特殊

① 马克思：《马克思恩格斯全集》第23卷，第831－832页。

性分三个方面：①帝国主义是垄断的资本主义；②帝国主义是寄生的或腐朽的资本主义；③帝国主义是垂死的资本主义。”[1] 这三个方面的特殊性，决定了帝国主义的历史地位。就是说，帝国主义是资本主义的最高和最后阶段，是从资本主义向社会主义经济制度的过渡。当代世界性的资本主义危机和美国的“占领华尔街运动”等，都再次证明了上述马克思、列宁论断的正确性。“寄生、腐朽、垂死”，这些词汇看似与现今的资本主义不符，是由于资本主义国家倚靠其推行的市场经济的先发优势，通过市场经济制度和全球化贸易掠夺了世界财富，以此维护了本国的高福利和低污染。而随着后发国家的强大，这种看似合理的掠夺式发展终将面临结束。

二、发展观与独特性

（一）大规模的国有经济与市场经济相融合的意义

1. 将大规模的国有经济与市场经济相融合是前无古人的伟大试验，能否成功关系中国特色社会主义的成败

这里所谓的大规模的国有经济，其内涵不仅包括自然垄断领域的国有企业，而且还包括在竞争性领域起骨干作用的国有企业。在中国改革开放之前，将大规模的国有经济与市场经济相融合，既没有理论的支持也没有实践上成功的先例。马克思主义创始人认为，商品生产产生和存在的前提条件是社会分工和私有制的存在，由于社会主义消灭了资本主义私有制，建立了公有制，所以，商品生产和商品交换也将要消亡。恩格斯指出：“一旦社会占有了生产资料，商品生产就将被消除，而产品对生产者的统治也将随之消除。社会生产内部的无政府状态将为有计划的自觉的组织所代替。”[2] “而不需要著名的‘价值’插手其间。”[3] 因此，在传统的社会主义经济理论中，社会主义经济是计划经济，而国有经济是与计划经济相适应的，不存在国有经济与市场是否相适应的问题。新自由主义经济学认为市

① 列宁：《列宁选集》第 2 卷，人民出版社 2012 年版，第 883 页。

② 恩格斯：《马克思恩格斯选集》第 3 卷，人民出版社 2013 年版，第 323 页。

③ 恩格斯：《马克思恩格斯选集》第 3 卷，人民出版社 2013 年版，第 348 页。

场经济是交换经济，而交换的前提是产权清晰即产权私有，只有私有制才能与市场经济相适应，而国有制是与市场经济不相融的。著名的“华盛顿共识”为转型国家所开药方的要点就是“对国有企业实施私有化”。正如美国学者约瑟夫·斯蒂格利茨概括的那样，“华盛顿共识”的教条是“主张政府的角色最小化、快速私有化和自由化”[①]。因此，将大规模的国有经济与市场经济相融合是前无古人的伟大试验，这一试验能否成功，关系中国特色社会主义的成败。之所以如此，是因为如果国有经济不能与市场经济相融合，就难以提高效率，国有经济就失去了大规模存在的理由，社会主义方向也就难以坚持，如果没有大规模国有经济为基础，中国特色社会主义也就不复存在。也就是说，要坚持中国特色社会主义，就必须将大规模的国有经济与市场经济相融合。这不仅需要理论创新，而且需要实践上的成功。中国共产党人以巨大的理论勇气提出将社会主义基本制度与市场经济相结合，并在实践中对大规模的国有经济如何与市场经济相融合进行了前无古人的探索，此试验能否成功必将关系到中国特色社会主义伟大实践的成败。

2. 将大规模的国有经济与市场经济相融合是市场经济理论质的飞跃

市场经济理论在近百年间的不断“避短”过程中，得到了深入的发展。不论是理论层面还是实践层面，市场经济和其理论都是先行者，但是，作为资源配置的方式，市场与科层的取舍一直是悬而未决的问题，本书在第二章市场经济高效假说和相应的国有经济理论中做适度的讨论，这里不再赘述。总的来说，将大规模的国有经济与市场经济相融合并不是没有的，宏观经济学的产生就是如此，但是，本书所说的大规模国有经济以企业经营的方式存在则是新的突破。这并不完全与市场经济理论相冲突，因为在当前可预见的时期内，承认私有制、保障私有制依然是主流，将私有制与公有制的优势相辅相成地发挥是可行的。随着经济学的发展，行为模拟、机制设计等技术和理论为现代经济学和现代经济学实践铺垫了道路。制度作为行为的保障，规定得过于细化会限制人的行为，但是过于宽泛又容易被寻找漏洞，而制度的形成和改变又不是一个人或少数人能够以低成本的

---

① 转引自“华盛顿共识”，百度百科（http：//baike. baidu. com/view/147672. htm）。

方式实现的，这就导致了相对低效的制度的改良很可能具有滞后的效果。在市场经济理论体系中，私有制和市场经济之所以被当作信条不可触碰，是因为想要打破其限制的无数次实践都或多或少的以失败告终。但是，随着时代的进步，技术和理论的积淀，再次探索私有制与公有制融合的成本被降低了，并且，后发国家的迅速发展也使得先发国家的先发优势遭到了挑战和质疑，世界需要更新更具有包容性的经济发展模式，这就呼唤更新更具有包容性的理论的产生。笔者断言，将大规模国有经济与市场经济相融合不但是实践层面的飞跃，更是基础理论、技术理论层面的质的飞跃，这必将推动现代经济学的发展，使其进入更高的发展水平。

张宇、张晨等人也指出，新古典理论主张的是全面的一步到位的激进式改革；凯恩斯主义承认市场经济的局限并肯定了政府干预的意义；演进主义则揭示了资本主义市场秩序自发演进的特征，这都是从主观主义和个人主义的世界观出发考虑问题，并不适用于中国。中国的渐进式改革是完善社会主义基本制度的改革，如果偏离这一点，不仅不可能把握中国经济模式的本质，反而会在方向上出现南辕北辙的错误。[①] 美国次贷危机、欧洲债务危机都使人们对资本主义制度和新自由主义模式产生怀疑，这进一步触发了人们对“中国模式”的关注和思考。刘国光指出，我国经济中有资本主义成分，人家还歪称为“中国特色的资本主义”，但我们实际上还在坚持中国特色社会主义模式，这是我们在这次危机中的表现相对出色的主要原因。[②] 程恩富指出，中国特色社会主义市场经济模式就是经济发展的中国模式，其显著特征是公有资本与市场经济相结合。[③]

3. 大规模国有经济与市场经济相融合并发挥主导作用，是全球视野真正的中国特色，是打破先发国家优势的唯一途径

市场经济是在私有制的基础上产生和发展的，西方自由主义经济学正是以私有制度已经存在为假定前提，推导出私有制是市场经济唯一基础的

---

① 张宇、张晨、蔡万焕：《中国经济模式的政治经济学分析》，载《中国社会科学》2011 年第 3 期，第 69 – 84 页。

② 刘国光：《中国模式让我们有望最先复苏》，载《红旗文稿》2009 年第 11 期，第 39 页。

③ 程恩富：《中国模式的经济体制特征和内涵》，载《经济学动态》2009 年第 12 期，第 50 – 54 页。

结论的。而中国经过40多年的改革，把大批量的国有企业成功地塑造为市场主体并使其发挥主导作用，使中国的市场经济建立在公有制为主体、多种经济成分并存的基础之上，既坚持了社会主义基本经济制度，又利用西方市场经济的成熟经验迅速发展了生产力，创造了高于资本主义市场经济的发展速度。这是前无古人的伟大创举，是真正的中国特色。乔舒亚·库珀·雷默指出，中国通过艰苦努力、主动创新和大胆实践，摸索出一个适合本国国情的发展模式。他把这一模式称为“北京共识”。[①] 相对于“华盛顿共识”，“北京共识”是更尊重本国国情的一种发展模式。笔者认为，中国特色（或中国经济发展模式）的优势就是大规模国有经济与市场经济的融合。利用好这一优势，中国经济和社会就能够得到更好的发展。探索经济发展的中国模式是为了探寻“又好又快”地发展我国经济并改善民生的途径。

并且，中国经济模式的存在具有重要意义。如前文所说，政治殖民逐步被经济殖民所替代，即比较优势推动的贸易及分工的新帝国主义。笔者认为，尽管你什么都比我差，但你可以选择做自己擅长的，通过贸易交换获得相对更多的物质满足。当然你可以选择什么都自己做，但那样你得到的收益会少于和我合作你所得的份额。这样的理解确实能够说服弱国开放经济，但是，通常情况下，弱国相对擅长的并不是技术，而是资源的开采或密集的劳动力。而资源是有限的，比较优势确定的贸易不但压榨了劳动力更掠夺了资源。在当今政治格局下，以美国为代表的资本主义强国利用其经济、制度、政治、军事等方面的先发优势肆意掠夺他国资源。为此，以美国为首的资本主义强国大力推行制度和模式侵略，在同模式、同制度背景下利用自身优势合法甚至合情理地掠夺他国资源、财富甚至人才。然而，货币资本、物质资本和人力资本的集中使得法律和制度可以被突破或操纵。

更进一步地说，分工确实有利于效率，但是，在分工过程中的优势不平衡，也造成了高效过后的分配不均衡。南美及东欧改革的失败也验证了激进式的改革存在隐患和某些国家的别有用心，不同地域、不同国家、不

---

① “北京共识”，343728？fr = aladdin。

同文明与制度都具有不同的特点，将这些不同统一化对待，本身就存在问题，经济发展是动态的，坚持独立自主、循序渐进的改革是我国必须坚守的，这也是打破先发国家优势的唯一途径。同时，这里必须指出，用民主宣传攻击他国，甚至绑架他国人民的思维是不道德且有野心的。中国并不排斥优秀文化，但是文化是上层建筑，上层建筑与经济基础的相互作用是需要时间的，短时间内的磨合通常不是过激就是不足。在我国，开放是大方向，我国在改革开放之后从未否定过开放，但是，稳定应当高于一切。目前，美国人民的某些福利确实高于我国，甚至远高于我国，但这不仅在于美国的发达，更在于美国的强势地位下，通过比较优势对他国的掠夺。

总的来说，在世界范围内，经济模式、政治模式方面不同的声音有利于世界格局的制衡，这也是打破强权、打破先发优势的唯一途径。总而言之，中国经济模式的探索需要尊重中国特色；并且，中国经济模式作为世界格局下多元化发展的重要组成部分，在历史的高度上，这有利于辩证地否定和总体上的肯定，这必将在不远的将来得到历史和人民的认同。

（二）大规模的国有经济与市场经济相融合的途径

1. 将大规模的国有经济与市场经济相融合的首要问题是完善市场经济运行机制，真正做到“扬长避短”

市场经济作为资源配置的方式，在运行过程中也需要相应的制度作为保障。只有真正地了解其运行机制，对症下药，以适当的制度作为条件，才能保持市场经济的高效运行。首先，要建立公平公正、反馈明晰的制度平台，以降低外部性和信息不对称；其次，完善国有经济的“进入”“退出”机制，以打破垄断、提高市场效率。对大规模国有经济而言，党和政府应当推动国有企业的利润适当回馈于民，让人民真正感受到国有企业的利润和归属感，这不但有利于民生的改善，也利于在公平竞争的市场中引导人民，在同等的条件下更加偏好国有企业，培养民众的爱国行为和情操。

公平公正、反馈明晰的制度平台有利于获得信息的成本降低。公平公正、反馈明晰能够保证参与者对于信息认知的统一。同时，信息的有效利用不仅是获得完全信息的问题，更重要的是对于交易信息的可利用程度，即完全信息确实有利于交易的展开。因此，交易壁垒、歧视必须被打破，这就是公平公正为首的重要性。为了保证公平公正和实施对公平公正的监督，反馈明晰的制度平台就尤为重要。只有反馈明晰了，市场参与人（企业、消费者和政府）的意见才能够得到充分表达。信息只有实现了对交易的影响才能算是具有利用率。然而，对于交易壁垒、歧视的打破，首先要解决市场参与人（尤其是企业）同等对待问题。这里我们应当注意到，在弥补市场失灵和实现某些特殊目的方面（例如，随着小规模且非战略性行业的国有企业民营化改革的逐步完成，大规模和战略性行业的国有企业改革被提上了议程。尽管我国政府早已经开始了针对大型国有企业和垄断性企业的改革，采用了推行现代企业制度的建立、上市、战略重组等各种方式，但是民营化的实施又可能会与政府保持社会就业稳定和国家安全战略等政治目标相冲突，这导致政府在转让国企控制权时，又具有显著的事前严格限制大规模企业的非国有化和加强对战略性行业控制的政治动机①），国有经济确有其特殊性，国有企业在实现国有经济功能层面应当被提供补贴，但是在制度层面，如果歧视存在，那么市场参与人就有机会利用制度歧视获得更多的额外收益。为了降低交易壁垒、减少交易歧视，我们需要一个公平公正、反馈明晰的激励约束平台，将国有经济与民营经济同平台类比，以保证国有经济与民营经济的同等化对待。

基于制度保障的确立，国有经济“进入”“退出”机制就成为公有制、国有经济与市场经济相融合的关键。这里需要指出，国有经济的“进入”“退出”机制不只是单一的国有经济“进入”“退出”问题，就像张军、罗长远等人指出的那样，存在一个成本差作为国有经济民营化的界限；而是一种“平衡”，就像国有经济、民营经济、社会福利的和谐发展，国有还是民营的界限是重要的，但是更重要的是，对国有还是民营的讨论目的在于公有制、国有经济和市场经济更高水平的相融合。国有经济的存在能够弥补市场失灵，市场经济的引入能够提高市场竞争主体的积极性，这是互补的，并不是单向的国有经济民营化或民营经济国有化。因此，国有经济的“进入”“退出”机制应当包括国有经济的发展壮大等问题。更进一步地说，

---

① 杨记军、逯东、杨丹：《国有企业的政府控制权转让研究》，载《经济研究》2010 年第 2 期，第 69－82 页。

探索我国国有经济“进入”“退出”机制，就在基于公平公正、反馈明晰的制度平台，逐步壮大民营企业，探索国有经济民营化的途径，并通过健全国有经济运行，大力发展我国国有经济以达到国有经济、民营经济和社会福利的和谐发展。只有在公平竞争中实现国有企业的自发选择和经营才能够为国有企业成为真正的市场竞争主体奠定基础。

2. 将大规模国有经济与市场经济相融合的途径是使国有企业成为真正的市场竞争主体

市场竞争主体的最基本特征是按照市场信号自主经营、自负盈亏。只要企业产权清晰，真正实现自负盈亏，就可以成为一个正常的市场竞争主体，而与企业是公有还是私有并没有直接的关系。旧体制下的国有企业之所以不能成为市场竞争主体的根本原因，是企业按国家指令性计划组织生产，不能自主经营；国家对其承担无限责任，实行统负盈亏，企业不必自负盈亏；企业的国有财产国家可以任意划拨，企业没有独立支配权。使旧体制下的国有企业转变为市场竞争主体，一直是中国经济体制改革的中心环节，经过一系列改革的探索之后，最终确定国有企业转变为市场竞争主体的路径是建立现代企业制度。现代企业制度的建立，使国有企业成为正常的市场竞争主体，有了制度上的保证。第一，法人产权制度的建立使企业产权得到明晰。国家投入到企业的国有资本成为企业法人财产，国家作为股东拥有所有权，企业法人则依法拥有对企业法人财产的独立支配权。第二，有限责任制度的建立解除了国家对国有企业的无限责任，国家作为股东以投入到企业的国有资本额度为限对企业的债务负责，而企业法人以全部法人财产为限对企业的债务负责。这就在制度上保证了企业必须自负盈亏，如不能自负盈亏就会导致破产。第三，现代公司治理结构的建立，使企业拥有了自主经营决策权。国家作为股东，其代表只能依法在股东大会上行使对企业重大事项的审批权，而不能任意干预企业的日常经营活动，公司董事会则依法享有企业的生产经营决策权。

现代企业制度的建立使国有企业经营机制真正实现了适应市场经济的转换，虽然这一改革还不尽完善，还存在这样那样的问题，但它已经使国有企业焕发出前所未有的活力，并在市场竞争中表现出强大的竞争力。

3. 将大规模国有经济与市场经济相融合的根本保障是坚持改革开放，在开放中不断改革、谋求发展、改善民生

在公平竞争中实现国有企业的自发选择和经营，使国有企业成为真正的市场竞争主体看似是公有制的退让，但这更是推进公有制的质的变化的开始。本文提及公平竞争和“进入”“退出”机制的目的在于提高公有制企业的竞争力，而公有制的决定力量并不是靠国有企业自发塑造而成的，而是靠党和政府的指导理念。国有企业作为全民的代表，分得某行业的一块利润的蛋糕，真正实现利润回馈于民是应该被支持的，但更重要的是，运行高效的国有企业应当在党和政府的指引下做一块利润的蛋糕，实现全民分享。政治对垄断的塑造和对利润的侵蚀是有极大作用的，产业链的两端利润是最高的，对此，上层建筑应当引导国有企业对外参与产业链两端的利润竞争。总的来说，笔者认为，针对产业链两端，“民富先军”战略是可以被考虑的，本书提及的民富并不是让民营企业富有，而是首先让民众富有。国有企业应当将利润适度回馈于民。当国民的收入水平能够与经济发展水平同步，消费品和生活服务市场将得到更大的发展。这有利于提高我国第三产业收入和就业水平，从而实现我国经济在消费及民生领域的良性循环，推动中国经济从投资和出口驱动转型，成为以消费为主导的驱动模式，使我国国民切实感受到经济增长和社会主义优越性。“先军”的目的则是，为产业链上端如研发等铺路。根据笔者的工科背景和实践学习，笔者认为，在任何国家，军事科研的开发都是振兴国家科技的“排头兵”，如卫星遥感、地球探测等。这里更着重地指出，精良的制造业对于科技和经济发展的重要性。军事科研除了能够引领产业链上端“高、新、尖”领域的研发，更能够引领精密和精良的制造业，这对于科研军转民、民用科研和经济发展都是尤为重要的。

以中国的汽车产业为例，BYD、奇瑞等被人诟病，最大的原因并不仅限于技术和服务，更多的来自制造的不精细和不用心，细节决定的不只是销量，更是实力。德国在短短20年间，又一次成为欧洲经济的引领者，就在于其精良的装备业和制造业。在当代金融资产虚高的年代，虚拟经济更被看重，但是实体经济的地位是不容忽视的。从产业链下端来看，任何物品的销售，只要有技术作为基础，现代金融就能够外包一切进行销售，例如，

石油、黄金、大米等。因此，金融行业的利润是必争的，金融行业属于虚拟行业，而在虚中最实的有两点：一是实体经济的支撑；二是人才的培养。总的来说，做一块蛋糕永远比分一块蛋糕来得合理，大规模国有经济与市场经济相融合的关键是，在市场竞争中塑造有竞争力的国有企业，并引导其占领产业链两端，在开放中赢得全球利润，引领全球标准，从而实现在开放中不断改革、谋求发展、改善民生。

（三）大规模的国有经济与市场经济相融合的回眸

正确认识中国社会当时所处历史阶段的国情，是正确制定和执行国有经济进退政策的根本依据。由于国有经济是目前生产资料社会化占有的最高形式，它适应的是高水平的社会化大生产，生产力决定生产关系，因此，生产力发展水平是国有经济进退的最主要的依据。然而，在对这个问题的认识上我们经历了一个曲折的过程。

1. 改革开放前对社会主义所有制“一大二公”的追求，导致国有经济一统天下，超越了当时的生产力发展水平

近代中国是一个半殖民地半封建的大国。从20世纪中叶以来的100多年的历史反复证明，资本主义道路在中国走不通，只有在中国共产党领导下走社会主义道路才能救中国。在新中国成立初期，中国共产党根据马克思主义创始人对未来社会主义社会生产资料所有制的设想，并借鉴苏联社会主义建设的实践经验，迅速对资本主义工商业实行了社会主义改造，建立了以国营经济为主体的社会主义所有制，同时实行了苏联式的高度集中的计划经济体制。此后，在“跑步进入共产主义”“一大二公”“宁要社会主义草，不要资本主义苗”“割资本主义尾巴”等“极左”思潮的推动下，建立起国营经济一统天下的局面。在经济运行中排斥竞争和价值规律的作用，试图越过商品经济发展阶段，直接进入产品经济发展阶段。在分配方面没有真正遵守“按劳分配”原则，未能建立起有效的经济激励系统。在经济体制上形成了一种同社会生产力发展要求不相适应的僵化模式，妨碍了社会主义优越性的发挥，“使本来应该生机盎然的社会主义经济在很大程度上失去了活力"[①]。这样的生产关系超越了当时生产力发展水平的要求，造成了生产关系不适应生产力发展的情况，犯了国有经济冒进的"左"倾错误。

2. 改革开放初期提出国有经济战略调整，"有进有退，有所为有所不为"，国有企业战略重组，"抓大放小"符合当时的国情

改革开放之初，中国开展了真理标准的大讨论，重新确认了"实践是检验真理的唯一标准"，恢复了"实事求是"的思想路线。邓小平指出："我们的现代化建设，必须从中国的实际出发。无论是革命还是建设，都要注意学习和借鉴外国经验。但是，照抄照搬别国经验、别国模式，从来不能得到成功。这方面我们有过不少教训。把马克思主义的普遍真理同我国的具体实际结合起来，走自己的路，建设有中国特色的社会主义，这就是我们总结长期历史经验得出的基本结论。"[②]

那么，中国的实际究竟是什么呢？对于这个问题，中国共产党做出了明确的回答："我国正处在社会主义的初级阶段。这个论断包括两层含义：第一，我国社会已经是社会主义社会，我们必须坚持而不能离开社会主义；第二，我国的社会主义社会还处在初级阶段。我们必须从这个实际出发，而不能超越这个阶段。在近代中国的具体历史条件下，不承认中国人民可以不经过资本主义充分发展阶段而走上社会主义道路，是革命发展问题上的机械论，是右倾错误的重要认识根源；以为不经过生产力的巨大发展就可以越过社会主义初级阶段，是革命发展问题上的空想论，是'左'倾错误的重要认识根源。"[③]

既然我国社会已经是社会主义社会，我们必须坚持而不能离开社会主义，那么国有经济作为社会主义最重要的经济基础，我们就必须坚持和发展。目前，我国正处在社会主义的初级阶段，一部分现代化大工业同大量

---

① 《中共中央关于经济体制改革的决定》，转引自中华人民共和国中央人民政府网（http：//www. gov. cn/test/2008 －06/26/content_ 1028140. htm）。

② 邓小平：《中国共产党第十二次全国代表大会开幕词》，转引自中华人民共和国中央人民政府网（http：//www. gov. cn/test/2008 －06/25/content_ 1027253. htm）。

③ 《中国共产党第十三次全国代表大会报告》，转引自新华网（http：//news. xinhuanet. com/ziliao/2003 －01/20/content_ 697049. htm）。

落后于现代水平几十年甚至上百年的工业同时存在；机械化、半机械化、手工生产同时存在，自然经济和半自然经济占相当比重，一部分经济比较发达的地区同广大不发达地区和贫困地区同时存在；少量具有世界先进水平的科学技术同普遍的科技水平不高同时存在。由于不同水平的生产力同时存在，它要求不同性质的生产关系与之相适应，因此，必须改变单一的社会主义公有制，才能解放和发展生产力。据此，党中央确定了以国有经济为主导，“公有制为主体、多种经济成分共同发展的社会主义初级阶段的基本经济制度”[①]，并提出“坚持有进有退，有所为有所不为”[②] 以解决国有经济分布过宽、整体素质不高、资源配置不尽合理等问题。这都是以改革开放之初的生产力的实际状况为依据。

3. 社会主义初级阶段的国情不断变化，国有经济发展政策的制定和执行要随中国国情的变化而变化，国有经济应随着社会化大生产的发展而发展壮大

中国共产党所预期的社会主义初级阶段时间跨度至少上百年，“我国从（编者注：20 世纪）50 年代生产资料私有制的社会主义改造基本完成，到社会主义现代化的基本实现，至少需要上百年时间，都属于社会主义初级阶段”[③]。也就是说，社会主义初级阶段是实现社会主义现代化的过程，随着这一过程的推进，国情也会随之变化。目前，我们已经进入社会主义初级阶段的中后期，随着国有经济战略调整，一系列方针政策的实施，中国的国有经济已经大踏步地撤退和收缩，在整个国民经济中所占比例已经大幅降低，非公有制经济也有了快速的发展，在整个国民经济中已经占有很大比例。同时，国有企业经过 30 多年的改革，活力大大增强，效率大幅提高，社会主义的中国已经创造出高于资本主义国家的发展速度，目前已经发展成为世界第二大经济体，许多重要产品的产量已经位居世界第一，人

---

① 《中共中央关于建立社会主义市场经济体制若干问题的决定》，转引自中国网（http：//www. china. com. cn/chinese/archive/131747. htm）。

② 《中共中央关于国有企业改革和发展若干重大问题的决定》，转引自人民网（http：//cpc. people. com. cn/GB/64162/71380/71382/71386/4837883. html）。

③ 《中国共产党第十三次全国代表大会报告》，转引自新华网（http：//news. xinhuanet. com/ziliao/2003 -01/20/content_ 697049. htm）。

民生活水平有了大幅提高，但也出现了比较严重的两极分化。国有经济作为全民所有制形式的生产关系所需要的社会化大生产取得了长足的发展，为了防止私有化造成的财富分配两极分化的进一步加剧，作为适应社会化大生产的先进生产关系和社会主义共同富裕的最重要的经济基础的国有经济，不能再像有些人所主张的那样一味地退出，而应当随着社会化大生产的发展和国有企业活力的增强在市场竞争中发展壮大。作为共产党人和广大劳动人民群众，不应该时刻牢记只有社会主义公有制才能实现共同富裕的理想，只有实现共同富裕的现代化才是社会主义现代化，社会主义生产关系应当随着社会主义现代化的推进而扩大，为了实现社会主义共同富裕的理想，国有经济过去的退，是为了现在和将来更好的进。

4. 社会主义的上层建筑有责任维护和支持国有经济的巩固和发展

任何社会的上层建筑包括意识形态特别是国家政权，都会极力维护和支持自身赖以建立的经济基础的巩固和发展。当今，西方资本主义各国正在这样做，他们利用各种手段甚至不惜使用战争手段，在全球推行私有化和所谓的资本主义“普世价值”，并极力抹黑社会主义国家的国有企业，鼓吹将其私有化，必欲将其置之死地而后快，这有力地说明了资本主义国家的上层建筑在维护、巩固和扩大资本主义经济基础方面是不遗余力的。同样，社会主义国家的上层建筑也应当理直气壮地维护和支持社会主义最重要的经济基础——国有经济的巩固和发展，否则，如果任由资本主义的卫道士攻击和瓦解社会主义的经济基础而不顾，后果将不堪设想。虽然社会主义初级阶段的复杂性使得各社会主义国家都面临着这样或那样的问题，但社会主义依然是马克思主义者坚信的美好将来。纵观国际方面，激进式的改革也都没有获得成功，而且当前我国没有激进式改革的必要和土壤。

第二章　全球融入视域下国有企业改革创新发展与新时期中国发展道路的必然联系

一、全球融入视域下国有企业改革的发展成就是道路自信和泛西化理论重构不可或缺的组成部分

（一）开放环境下国有企业改革与弥补市场失灵

回顾历史，对于国有经济“进”与“退”的讨论可以追溯到20世纪80年代。改革开放确立的中国特色社会主义路线与中国特色市场经济，拉开了国有经济“进”与“退”的序幕。在中共十五届四中全会前，有的同志提出国有经济从竞争性行业领域退出的论证，还有的同志进一步主张国有经济应从国民经济领域全部退出。中共十五届四中全会后，有些同志对国有经济向哪些行业领域进入、从哪些行业领域退出，仍见仁见智，争论不已。[①] 那时，国有经济“进退”最核心的问题是效率问题，最核心的表现是在国有企业改革方面。由于国有企业效率低下且覆盖面较广，国有企业既影响了产出和社会福利又难以实现利润惠及全民，为了提高产出和社会福利并且不失去国有经济的优势地位从而保持社会主义属性，“抓大放小”的理念成为当时的主流思路并且在实践中得到了深化。由此衍生而来的就是国内学术界、理论界的泛西化，泛西化的学者们不同程度地放弃了国有企业与社会主义属性紧密相连的共识。厉以宁指出，国有经济与民营经济是

① 张维达：《正确认识国有经济的有进有退》，载《经济学动态》2000年第11期，第21－24页。

平行的，民营经济与国有资产是同步前进的。民营经济越发展，国有资产就越增值。[①] 这明显掩盖了国有企业利润惠及全民的社会主义属性。更有甚者，如樊纲指出，国有企业不是国有资产唯一的存在形式，卖了国有企业不一定是国有资产的流失，主要问题是卖的价格是否合理。国有资产的变卖、重组理论上就不存在国有资产的任何流失，只是形态的转换。形态转换的意义在于不是越多的经营性资产越好，不是越多的经营性国有企业越好，但是国有资产可以越来越多。越来越多国有资产主要的形态将是非经营性公有资产（比如，社保基金）和公共设施。[②] 此类泛西化学者，其根植的理论共识基本可以概括为国有企业只是国有经济的一部分，为了弥补市场失灵而存在。弥补市场失灵的论述可以追溯到斯密，这也是西方经济学家们关注的重点，在本书后面的章节里笔者会做更详尽的论述与分析。在此弥补市场失灵的共识下，也有一些支持国有企业的声音，如林毅夫等人指出："预算软约束问题与企业的公有制性质无关，相反在企业承担政策性负担的情况下，私有企业会比国有企业更容易产生预算软约束问题，并且有激励向政府要更多的补贴。"[③] 但究其根本，泛西化的理论都或多或少地放弃了国有企业的社会主义属性问题，用西方的理论来支持我国的建设必然导致我国建设的泛西化。

从而泛西化的学者们开始关注和研究国有企业私有化问题，例如，张维迎[④]、刘小玄[⑤]等人的研究都表明，公有制会造成国有企业激励约束不足，从而导致效率的相对低下，因此，国有企业应当私有化。张维迎还指出，改革国有企业产权将其私有化，是解决国有企业"内耗"问题所必需的。

---

① 厉以宁：《关于民营经济的几个问题》，载《经济学动态》2004年第8期，第15-16页。

② 樊纲：《国资管理缺失"最高决策机制"》，载《中国企业家》2005年第3-4期合刊，第68-69页。

③ 林毅夫、李志赟：《政策性负担、道德风险与预算软约束》，载《经济研究》2004年第2期，第17-27页。

④ 张维迎：《公有制经济中的委托人——代理人关系：理论分析和政策含义》，载《经济研究》1995年第4期，第11-22页。

⑤ 刘小玄：《国有企业与非国有企业的产权结构及其对效率的影响》，载《经济研究》1995年第7期，第13-22页。

有学者断言，国有企业私有化后的高效会带来国有企业的私有化趋势。[①] 胡一帆、宋敏、张俊喜指出，第一，绩效较好的国有企业优先被民营化。第二，总体上来说，中国的民营化是富有成效的，尤其是提高了销售收入，降低了企业的成本，最终获得企业盈利能力和生产率的大幅提高。而且在获得这些收益的同时并没有带来大规模的失业问题。第三，由民营机构控股、彻底民营化的企业比那些仍然是国有控股、部分民营化的企业绩效表现更好。[②] 李远勤、张祥建指出，国有企业民营化后的运营效率有显著提升，而不牺牲就业水平。国有企业私有化发行后的盈利能力（总资产收益率、净资产收益率和销售利润率）整体上是下降的；但国有企业私有化发行后的产出水平（实际销售额）和运营效率（劳动生产率）得到很大提升。[③] 然而，近年来，我国未被私有化的国有企业体现出了较高的盈利能力，但是，泛西化的学者们仍然认为国有企业应当进一步深化改革，从竞争性领域全面退出，将精力投注于国有经济功能的实现、弥补市场失灵和推动民营企业发展方面。刘小玄指出，竞争领域的国有企业民营化是必要的。在竞争市场上，由于人力资本对于形成企业竞争力的不可替代性，个人资本掌握企业控股权通常是更有效率的。[④] 刘瑞明、石磊指出，国有企业的效率损失有可能是双重的，一方面国有企业损失了自身的效率，另一方面又因为软预算约束的存在，拖累了民营经济的发展，从而对整个经济体构成“增长拖累”。国有企业民营化是一条必然之路。[⑤] Holz 指出，在中国，国有企业投入产出效率较高，但国有企业投资更偏重于私利而非对行业或

---

① H. Jefferson Gary, SU Jian, “Privatization and Restructuring in China: Evidence from Shareholding Ownership 1995 – 2001”. *Journal of Comparative Economics*, 2006, 34 (1), pp. 146 – 166.

② 胡一帆、宋敏、张俊喜：《中国国有企业民营化绩效研究》，载《经济研究》2006 年第 7 期，第 49 – 60 页。

③ 李远勤、张祥建：《中国国有企业民营化前后的绩效对比分析》，载《南开经济研究》2008 年第 4 期，第 97 – 107 页。

④ 刘小玄：《国有企业改制模式选择的理论基础》，载《管理世界》2005 年第 1 期，第 106 – 110 页。

⑤ 刘瑞明、石磊：《国有企业的双重效率损失与经济增长》，载《经济研究》2010 年第 1 期，第 127 – 137 页。

区域的总体经济拉动。[1] 国有经济应当更加关注行业或区域的总体拉动。吴敬琏指出“政府不改革国有经济就无法实现共同富裕”，改革的途径是“推进国有经济的市场化改革”，“国有企业从竞争性行业退出”。天则经济研究所课题组指出，“国有企业应当存在较为明确的边界，其适合于市场机制不能得到充分发挥的公共品和准公共品的提供”“国有企业是不同于一般政府和一般企业的公共机构。国有企业不应以营利为目标，应以实现社会公益为目标”。他们为国有企业改革设定了两个终极目标：其一，将国有企业转变为非营利性公法企业；其二，建立国有资产的宪政治理架构。为实现国有企业的终极改革目标，国企必须从营利性领域（而不单是从竞争性领域）中逐步退出。国有资产资本化，尤其在我国经济转型的初期，不仅具有逻辑的必然性，而且具有推动市场化的积极意义。然而，随着我国市场经济的建立，以国有资产资本化为特征的国有企业改革，其历史使命将告终结。也就是说，中国国有企业改革的历史使命仅仅是“推动市场化”，随着我国市场经济的建立，盈利性的国有企业就应该消亡了。更有甚者，世界银行报告《2030 的中国：建设现代、和谐、有创造力的高收入社会》[2] 表面上是为中国建设现代、和谐、有创造力的高收入社会出谋划策，实质上是再一次宣扬“华盛顿共识”和私有化。

众所周知，上层建筑和经济基础的冲突会导致社会的严重不和谐，上层建筑要适应经济基础，但是经济基础的改变要受制于上层建筑，在所谓的“中等收入陷阱”的时间节点附近，仅仅“通过提高中产阶级数量”“降低金融、石油化工、电力、电信等行业的准入门槛”“公共资源应当全部（或者绝大部分）用于公共商品和服务”等手段进行简单的市场化改革，最直接的结果是造成经济基础和上层建筑的更大冲突。笔者承认“对农村高中提供教育免费政策”“政府应该提供更多信息、加强监督力度等”等政策确有借鉴意义，但是用“新自由主义”的思维方式进行彻底改革，只会将中国特色社会主义制度带离原有的方向，脱离了四项基本原则的经济基础

---

① C. A. Holz, “The unbalanced growth hypothesis and the role of the state: The case of China's state – owned enterprises”. *Journal of Development Economics*, 2011 (96), pp. 220 – 238.

② The World Bank and Development Research Center of the State Council, the People's Republic of China: “China 2030 Building a Modern, Harmonious, and Creative High – Income Society”.

与上层建筑的严重冲突必定会给中国带来更大的危机。

（二）开放环境下国有经济功能与社会主义属性

那些泛西化、泛私有化的研究和观点看似有理有利，但是其忽略了我国的社会主义属性，社会主义的根本目的是消灭剥削、消除两极分化、实现共同富裕，国有企业的进退应当以是否符合社会主义属性为前提和归属，社会主义国有企业与资本主义国有企业的根本区别就在于能否提供可以惠及全民的利润。市场经济与计划经济都是发展经济的途径和手段，引入市场经济是为了更快地实现我国的发展目标。国有经济性质是全民所有制，是适应社会化大生产的先进生产关系，是社会主义最重要的经济基础，是实现共同富裕的重要先决条件。

俄罗斯的全面西化改革产生的恶果还历历在目：第一，私有化没有出现经济快速发展、效益迅速提高的景象，相反导致经济急剧衰落、陷入严重危机的境地。第二，私有化没有增加国家财政收入，相反，导致大量国有资产的流失。第三，私有化没有出现人人拥有生产资料的社会公平现象，相反，导致社会两极分化，引起了强烈的社会反响。第四，私有化没有导致民主和自由，相反，造成了金融工业集团的寡头统治。俄罗斯私有化的改革实践清楚地表明，以私有化为核心的资本主义改革必然导致严重后果。[①] 泛西方和泛私有化已经使得苏联解体后的俄罗斯深受其害。

乔莫桑德拉姆指出，在过去 30 年里面，推动全球私有化运动的主要原因是政治性的，而不是经济性的。如果我们去查看俄罗斯在 20 世纪 90 年代初私有化的这些档案，会发现他们主要有三个政治性的目标：第一，是要消除共产党的执政基础。第二，是为了获取民众的政治支持，所以搞政权私有化，要私有化越快越好，目的是防止老百姓醒悟过来，其他力量介入以后，从而对私有化进行抵抗。从过去 30 年的经验来看，目前我们越来越发现私有化是极其有问题的，首先，私有化并没有他们宣称带来的一系列好处；其次，我们能够看到全球范围之内都在滥用私有化；最后，我们也看到有大量的国有企业其实是非常成功的。第三，是在这次经济危机爆发

---

① 周新城：《俄罗斯的全面私有化之痛》，载《国企》2011 年第 6 期，第 44 – 49 页。

以后，我们看到全球范围内出现了新一轮的国有化浪潮，主要是挽救那些失败的要破产的私有企业。[①] 针对泛西化、泛私有化学者的批判，杨承训指出，如果取消了国企的主导地位，实现私有化，那就一定是灾难性的“非均衡模型”。我们坚持社会主义方向，应当鼓励更多的优秀企业家为改善国企经营管理服务，而不能去充当私有化的主角。[②] 朱晓宁指出，我们这个时代的“国进民退”有别于新中国成立初期的“国有化”，不能简单地将其判断为历史的倒退。相反，“国进民退”符合了当前中国经济转型时期的特殊要求，具有现实必然性。“国进民退”在预防外资操控本国产业以及提高我国与外商的谈判实力两方面具有积极作用。[③]

对此争论，我国一批持马克思主义政治经济学观点的学者认为，国有企业、公有制是中国长期发展不可或缺的重要组成部分和决定力量。张晨、张宇指出，将国有经济的存在依据限定为补充“市场失灵”的理论，不符合世界各国国有经济发展的实际情况。在实行计划经济体制的社会主义国家中，国有经济在国民经济中占绝对统治地位，其存在范围与所谓的市场失灵无关。即使是在市场经济发达的资本主义国家，国有经济分布的领域也并不限于提供公共物品和自然垄断等“市场失灵”的领域。第二次世界大战后，发达资本主义国家曾经出现过多次国有化浪潮，建立了一大批国有企业，涉及石油、煤炭、电力、钢铁、铁路、公路、港口、民航、电子、航空、汽车、飞机、银行、保险和公共服务等多个部门。1979 年，英国国有企业的营业额占英国国内生产总值的 11.5%，投资额占英国投资总额的 20%；1982 年，法国 53% 的公司资本控制在政府手中。联邦德国、奥地利、意大利等国家的国有化程度也大大提高。国有经济在许多重点经济部门取得支配地位。在发展中国家，国有经济的分布更为普遍，作用更为重要。市场失灵是国有经济存在的依据，在理论和事实上都是站不住脚的，它不仅不符合世界各国国有经济的实际情况，更不符合党和国家关于国有经济

---

① 乔莫桑德拉姆，在 2011 中国（北京）国有经济论坛上的发言。

② 杨承训：《私有化：灾难性“非均衡模型”——〈国有企业民营化的均衡模型〉质疑》，载《南方经济》2005 年第 11 期，第 31－34 页。

③ 朱晓宁：《“国进民退”：现实的选择——论“国进民退”在当前经济形势下的必然性》，载《经济与社会发展》2010 年第 10 期，第 43－46 页。

的一贯方针，具有明显的私有化导向。从根本上说，国有经济的存在是克服社会化大生产与生产资料私有制之间矛盾的要求。在社会主义市场经济中，国有经济的主导作用是与我国的基本经济制度和发展任务紧密地联系在一起的。① 宗寒指出，社会主义国有经济是社会化大生产的产物，是在社会生产力发展到与生产资料私有制不相融的情况下产生的，国有经济在社会主义经济和整个社会发展过程中具有重大的作用。它决定社会制度的性质，满足人民和社会发展的基本需求，制约社会经济发展的方向。它是社会主义制度的生产关系的基础，也是控制经济命脉建立社会主义制度的物质基础。② 刘国光指出，要防止两极分化就要靠公有制经济的强大。③

针对泛西化学者们所谓的国有企业“与民争利”“全面退出竞争领域”等观点，周新城、吴强指出，国有企业不是“与民争利”而是“为民争利”，如果“民”是指私营企业主（资本家），那么国有经济同私营经济之间是一种“争利”的关系。这一点，也无须隐讳。发展壮大国有企业有利于保障人民的民主权利和经济利益，有利于经济平稳较快发展、人民生活水平逐步提高，有利于提高我国在国际竞争中的主动权。④ 程恩富、鄢杰指出，从巩固和加强我国社会主义经济制度的基础来看，国有企业不能完全退出所谓的竞争性领域；国有企业全面退出所谓的竞争性领域，不利于发展社会主义市场经济。从当前国际经济竞争、民营企业自身发展以及应对危机来看，国有企业也不能全面退出竞争性领域。⑤ 针对泛西化学者们所谓的国有企业“垄断及其导致的垄断低效”等观点，张宇、张晨指出，国有企业与垄断并没有直接关系，私有企业的垄断更为普遍。垄断是生产社会化发展到一定阶段的客观结果，垄断的形成也是资本积累过程内在矛盾发

① 张晨、张宇：《“市场失灵”不是国有经济存在的依据——兼论国有经济在社会主义市场经济中的地位和作用》，载《中国人民大学学报》2010年第5期，第38－45页。

② 宗寒：《国有经济读本》，经济管理出版社2002年版，第45－65页。

③ 刘国光：《论公有制是社会主义初级阶段基本经济制度的基石》，见刘国光主编《共同理想的基石——国有企业若干重大问题评论》，经济科学出版社2012年版，第165－167页。

④ 周新城、吴强：《评“国有企业与民争利论”》，见刘国光主编《共同理想的基石——国有企业若干重大问题评论》，经济科学出版社2012年版，第139－145页。

⑤ 程恩富、鄢杰：《评“国有经济退出竞争领域”论》，见刘国光主编《共同理想的基石——国有企业若干重大问题评论》，经济科学出版社2012年版，第101－108页。

展的必然结果，并且国有企业经营绩效的改善主要不是来源于垄断，而是来源于国有经济的结构调整和体制创新。垄断企业获取垄断超额利润必须通过制定垄断价格等垄断行为实现。因此，企业盈利是来源于垄断，不应以企业是否具有垄断的市场地位作为标准，而应以企业是否有“滥用市场地位”的垄断行为作为标准。在世界范围内，我国电价与税前成品油供给价格都处于较低水平。[①] 在当今世界范围内，垄断是一种既定事实。周新城、吴强指出，垄断行业由国有企业经营更符合人民群众的利益。[②] 高梁指出，任何主权国家，在事关国计民生的行业与关键领域，均保持政府的强势控制，或以国有经济占主导地位。某些发展中国家推行激进的自由化政策，曾将国有银行、矿山、基础设施出售，结果被外资垄断而丧失经济主权，教训深刻。[③]

针对泛西化学者们所谓的国有企业“所有者缺位”及其导致的“激励约束不足”和“腐败”等观点，丁冰、周新城指出，国企“所有者是虚的、缺位的”的说法，不过是20世纪90年代新自由主义者的攻击、污蔑国企“产权模糊”“主体缺位”的老调重弹。国企的产权十分明确，即属于全民所有，而不存在任何产权“模糊”或“虚的缺位”问题。[④] 周新城、张帆指出，公有制有公有制产权的界定、公有制产权理论，私有制有私有制产权的界定、私有制产权理论，绝不能用反映私有制经济关系的产权界定来规范公有制的产权，也不能用西方私有制的产权理论来指导全民所有制的改革。从财产所有权来考察，我国国有企业的产权应该是清晰的。《国有企业财产监督管理条例》指出：“企业财产属于全民所有，即国家所有。国务院代表国家统一行使对企业财产的所有权。”[⑤] 也可以说，国有企业“所有

---

① 张宇、张晨：《评“国有企业垄断论”》，见刘国光主编《共同理想的基石——国有企业若干重大问题评论》，经济科学出版社2012年版，第29－43页。

② 周新城、吴强：《评“国有企业与民争利论”》，见刘国光主编《共同理想的基石——国有企业若干重大问题评论》，经济科学出版社2012年版，第145－150页。

③ 高梁：《论垄断行业国有企业的改革》，见刘国光主编《共同理想的基石——国有企业若干重大问题评论》，经济科学出版社2012年版，第215－225页。

④ 丁冰、周新城：《评“全民均分国有资产论”》，见刘国光主编《共同理想的基石——国有企业若干重大问题评论》，经济科学出版社2012年版，第125－126页。

⑤ 周新城、张帆：《评“国有企业产权不清晰论”》，见刘国光主编《共同理想的基石——国有企业若干重大问题评论》，经济科学出版社2012年版，第112－114页。

者缺位”及其导致的“激励约束不足”和“腐败”问题，并不是真正的“所有者缺位”，而是管理的层级过多问题，这需要政府加强廉政建设、规范管理制度、创新管理体制。不论是在中国还是在世界范围内，不论是公有制还是私有制，管理层级过多、信息流转偏差、监督等激励约束力度不足等问题都会导致腐败，大企业或大机构都会存在类似的问题。然而，最大的腐败和危险可能来自泛西化、泛私有化。当前，通过俄罗斯的现状回顾苏联全面西化、私有化，不难发现，当今俄罗斯的财阀与寡头们，几乎都是通过国有企业的泛西化、泛私有化形成的。

总而言之，在当前情况下，公有制属性是重要的，就像恩格斯说的“大规模的有组织的劳动，生产资料的集中，这是无产阶级追求的希望，也是无产阶级运动的物质基础”，这不但与我国社会主义性质有关，在后文我们还会通过市场经济高效假说分析在新古典经济学与新制度经济学视角下公有制存在的必要性。社会主义国有企业与资本主义国有企业的根本区别就在于能否提供可以惠及全民的利润，社会主义公有制、国有企业是实现共同富裕的物质基础和根本保证。一些泛西化学者辩解称私有化不是造成贫富差距的主要原因，如吴敬琏就指出，当前造成贫富差距的主因并不是私有化问题，而是在于“资本有机构成”，或者说，资本对劳动的比例不断提高。由于主要依靠投资实现增长，它必然使得资本所有者收入在总收入中所占份额越来越大，而劳动者的收入所占份额越来越小。至于农民收入过低的一个重要原因，是原本属于他们的土地产权没有得到保护。然而，资本对劳动的比例影响了财富分配，这本身就反映了资本的私有化和资本与劳动的分离。社会化大生产与生产资料私有制的冲突难以化解，对此，就如邓小平同志指出的那样，一个公有制占主体，一个共同富裕，这是我们所必须坚持的社会主义的根本原则。我们要发展社会生产力，发展全民所有制，增加全民所得。我们允许一些地区、一些人先富起来，是为了最终达到共同富裕，所以要防止两极分化，这就叫社会主义。这里必须指出，当年坚定不移地搞改革开放、搞市场经济的环境背景是社会主义意识形态占绝对主导地位，并且，条件背景是市场经济从试点到推广，坚定不移是为了通过市场经济的长处弥补计划经济的短处。然而，最终目的是发展经济实现共同富裕，让一部分人先富起来的前提是为了带动后来者，实现共同富裕。而如今市场经济已经从试点到推广，再到占据资源配置的主导地位。

综上，此时再次提及坚持改革开放、大力发展市场经济就需要以克服市场经济的弊端为基础，就像当年引入市场经济克服计划经济弊端一样，建设一定是“避短”而非“扬长”。“扬长”只有一个目的就是“避短”，当前市场经济已经占据资源分配的主导地位，如何克服弊端才是推进改革开放和大力发展市场经济的核心问题。纠正改革开放中所出现的偏差，是坚持走中国特色社会主义道路的中国国家政权义不容辞的责任。对此，邓小平又指出，讲开放问题，不要忽视国家机器的作用。我们社会主义的国家机器是强有力的。一旦发现偏离社会主义方向的情况，国家机器就会出面干预，纠正过来。开放政策会给我们带来一些风险，一些资本主义的腐朽东西会被带进来。但是，我们的社会主义政策和国家机器有力量去克服这些东西。当时，提出这段话的目的是争取老同志和保守派支持改革开放和市场经济。而现在，回想起这段话还是具有一定的道理。政府要与人民一致，坚守公平正义，保护弱势群体，克服那些市场经济的风险和弊端。在我国，即使60%的人先富裕起来了，还有40%，也就是5亿多人仍处于贫困之中，也不会有稳定。中国搞资本主义是行不通的，只有搞社会主义，实现共同富裕，社会才能稳定，才能发展。只有确保公有制的主体地位，才能防止两极分化，实现共同富裕。我们要继续发展壮大国有经济，充分发挥国有企业在缩小差距中的重要作用。

（三）再论市场经济高效假说与对泛西化思维范式的批判

以亚当·斯密（Smith，1776）为代表的古典经济学家关注这样的问题：究竟是什么使得一个国家比另一个国家更加富裕？分工如何能够减少资源的稀缺性。然而，自瓦尔拉斯（Walras，1874）、门格尔（Menger，1871）和马歇尔（Marshall，1890）之后，经济分析的重点则从分析价格制度协调专业化和分工的功能，转到了价格制度对于资源分配的功能上。[①] 而价格对

① 杨小凯著：《经济学——新型古典与新古典框架》，张定胜、张永生、李利明译，社会科学文献出版社2003年版，第3－9页。

供求的调配就是市场经济的核心，俗称“看不见的手”。总的来说，新古典经济学理论关注的市场可以被概括为供求决定的价格和价格引导的供求［后来者关于市场效率的研究也大多基于价格问题，例如，泰勒尔（Tirole，1988）指出，最为熟知的垄断扭曲产生于垄断者的定价行为①］。这里隐含了一个前提，就是市场交易的主体被分为纯消费者和纯供给者，纯消费者和纯供给者作为市场存在的外生给定，其只能通过市场进行交易。这个我们能够理解，这是因为在19世纪末，资本主义已经得到一定的发展，分工与社会化大生产已经逐步形成，市场的强大让我们有理由忽略自给自足的生产模式。与此同时，规模经济现象和垄断现象也出现了。由于规模经济的存在，我们能够发现企业的成长需要一定量的扩张，这为企业从完全竞争向垄断过渡提供了现实与理论支撑。自此，传统西方理论陷入了“马歇尔困境”。同时，“困境”不仅于此，产能的扩张与分工的专业化促进了劳动和生产资料的分离，人们可以通过劳动效率的提高得到相对更多的工资，并在市场交换中获得想要的商品，获得比自给自足更多的效用。需要指出的是，生产资料积聚带来的交换优势可能远大于劳动专业化带来的交换优势，但是对于个体而言，劳动专业化比生产资料积聚更加容易，更可能产生比较优势，从而产生更佳的交换效果。当然，这种情况与马克思所说的个体被迫成为劳动者的状况并不排斥，因为生产资料积聚带来的比较优势本身就是积聚所带来的，更容易产生垄断效果，而垄断恰恰是交换和市场经济的“大敌”。在1929年的大危机中，这种比较优势更加明显，劳动远比生产资料更难获得实际货币（去掉通货膨胀因素），大面积的购买力不足导致了需求的虚低。从危机前期的需求虚高到危机中的需求虚低带来了市场交易的剧烈震动，在这一过程中，市场交易的广度和深度极度萎靡，宏观经济学应运而生。总供给总需求的理论将供需决定价格、价格引导供需的“看不见的手”与宏观调控这只“看得见的手”连接在一起。然而，宏观调控就涉及政府财富与国有经济的问题，这可以追溯到亚当·斯密。自亚当·斯密起，君主的财富或者叫政府的财富就被限定到三个领域，即对

---

① ［法］泰勒尔著：《产业组织理论》，张维迎总译校，中国人民大学出版社1997年版，第82页。

外保证人民安全的军事、外交等用途，对内保证公民权利和公平正义的法律、监管等用途，对市场失灵具有弥补作用的公共品等用途。[①] 由此不难看出，在早期西方经济理论的范畴内，国有经济存在的目的仅仅是为了保证市场的有效运行，经济总量与整体效率完全来自市场，国有经济与经济总量和整体效率的联系不大。然而，经济危机的出现使得政府财富、国有经济与整体效率联系起来。

困境往往不是终结而是新的开端，西方经济理论也在持续的避短过程中不断前行。总的来说，导致市场困境或市场失灵的原因，被后来者概括为三方面：第一，垄断；第二，外部性；第三，信息不对称。泰勒尔指出，在递增的规模报酬下，由单一企业生产在技术上较有效。[②] 而且，大量的沉没成本构成的高壁垒也难免会造成垄断，只要单一企业供应整个市场的成本小于多个企业分别生产的成本之和，由单一企业垄断市场的社会成本就仍然最小。[③] 也就是说，垄断也是具有两面性的，垄断虽然有无法克服的缺点（不仅仅是净福利损失，还包括寻租等扭曲问题），但是如何利用和改善它正是传统经济学发展的一条路径。并且，有研究指出，降低交易费用可以迫使企业降低管理费用，从而提高企业运行效率或瓦解垄断。[④] 然而，降低交易费用不仅对提高企业效率、瓦解垄断有作用，也对降低外部性有极大作用。[⑤] 科斯定律指出，市场交易费用为零时，不管初始产权如何界定，外部性都能够通过谈判等手段被内部化从而得到解决，市场机制会自动使得资源配置达到帕累托最优。最后，对于信息不对称的解决，其本身就有利于交易费用的降低，但不得不承认，在可预见的时间内，信息不对称和交易费用都难以被降为零。因此，总的来说，市场机制难以实现资源配置的帕累托最优，然而，帕累托改进就为改革与发展提供了路径。

---

① 亚当·斯密：《国民财富的性质及其原因的研究》，商务印书馆 1972 年版。

② ［法］泰勒尔著：《产业组织理论》，张维迎总译校，中国人民大学出版社 1997 年版，第 95 页。

③ 于良春：《论自然垄断与自然垄断产业的政府规制》，载《中国工业经济》2004 年第 2 期，第 27－33 页。

④ 徐传谌、艾德洲：《新制度经济学视角下的国有企业效率研究》，载《学习与探索》2012 年第 4 期，第 95－98 页。

⑤ R. H. 科斯：《社会成本问题》，载《财产权利与制度变迁》，上海人民出版社 2004 年版。

西方国家上百年的经济改革和社会改革都是为了解决问题以提高市场配置资源的效率和公平正义，但西方国家更加愿意解决国内的问题以实现效率的提高和公平正义，并不愿意解决世界市场的相应问题。“华盛顿共识”在全世界范围内推动私有制和市场化，表面上是西方国家为后发国家建言献策，但是在很多领域，西方的一些超级大国并不愿意提供最新的技术，以打破技术壁垒和垄断交易，其推动世界市场的市场化和贸易的自由化只是为了通过所谓的比较优势进一步地掠夺资源和廉价劳动力，并获得世界市场。这里必须指出，新技术研发的高额投入确实需要壁垒保护和价值补偿，比较优势确实也能带来后发国家的国民福利，但是，此类先发优势带来的垄断和不公平远比技术补偿和后发国家福利提升要多得多。效率与公平正义在世界市场被无情地分割了，经世济民被看似有理有利地变成了单一的效率问题。

马克思认为，技术进步使资本家通过用机器代替工人以获得更多利润。不断扩大的资本积累带来了不可克服的矛盾：一方面，随着资本供给增长，利润率会下降；另一方面，由于工作岗位减少，失业率提高，工资下降。当利润下降、国内投资机会越来越少时，统治资产阶级会走向帝国主义。资产阶级试图到国外寻找更高的利润，帝国主义国家会占有更多的殖民地，并不遗余力地压榨他国的剩余价值。①

（四）泛西化思维范式内的国有经济与国有企业改革导向

国有企业作为国有经济的组成部分，为弥补市场失灵、替代私人垄断（规模经济所决定的自然垄断行业）、实现国家战略目标做出了重要的贡献。纵观美国、英国、法国、德国、日本等资本主义强国的经济发展史，国有企业都扮演着重要的角色。尤其是在弥补市场失灵和实现国家战略目标方面，据不完全统计，1917—1920 年，美国政府直接投入制造业的投资仅为 6 亿美元。仅在第二次世界大战期间，美国政府就利用预算资金建立了 2600 多家国有工业企业，分别分布在军火、机械、化工等领域。战争结束后，

① ［美］保罗·萨缪尔森、威廉·诺德豪斯著：《经济学》第十七版，萧琛主译，人民邮电出版社 2004 年版，第 485 页。

美国政府立即着手处理战时建立的国有企业，在短时间内，一大批国有企业被私有化。[①] 在第二次世界大战之后，英国、法国两国都大力推行了国有化，将国有企业从公用事业和基础设施领域推进到基础工业和战略性工业领域。[②] 德国的国有企业则控制着铁路、公路、邮政、电讯网络、大部分能源生产和基础设施领域；[③] 到 1978 年，英国国有经济的总量规模和部门分布宽度都达到了历史上的最高峰。1985 年，法国国有企业产值、就业和投资占国民经济比重的三项简单平均数为 24%，为世界最高值。[④] 而日本，在明治维新前后，就通过国有企业大力发展了其军事工业。[⑤] 同时应当注意到，在西方资本主义国家的经济发展史中，民营经济扮演了更加重要的角色，20 世纪 80 年代初期，西方发达国家又掀起了一股更大的“私有化”浪潮。[⑥] 总的来说，国有企业的存在是不分国界和社会制度的，但是，国有企业的发展被执政者和意识形态左右着。

在世界各国，当危机发生时，在宏观调控领域，国有经济都是不可或缺的。但在西方国家，国有企业只是国有经济的一部分，民营经济扮演了更加重要的角色。并且，大量的国有经济也不一定以国有企业的形式存在，面对 21 世纪初的美国金融危机和欧洲债务危机，西方国家选择了减税、政府扶持等办法，至今并没有出现新的国有化迹象。

传统西方学者认为，在国有产权下，由于权利是由国家所选择的代理人来行使，作为权利的使用者，由于他对资源的使用与转让，以及最后成果的分配都不具有充分的权能，就使他对经济绩效和其他成员的监督的激

---

① 李俊江、史本叶、侯蕾：《外国国有企业改革研究》，经济科学出版社 2010 年版，第 11－12 页。

② 胡岳岷、任春良：《西方市场经济国家的国有企业：一个演化视角的分析》，载《中央财经大学学报》2005 年第 7 期，第 60－62 页。

③ 邱力生：《德国、法国对国有企业管理的评介与借鉴》，载《经济评论》1998 年第 1 期，第 70－75 页。

④ 李俊江、史本叶、侯蕾：《外国国有企业改革研究》，经济科学出版社 2010 年版，第 63－71 页。

⑤ 潘华实：《日本国有企业管理体制及其启示》，载《当代亚太》1999 年第 3 期，第 43－47 页。

⑥ 李华：《发达国家对国有经济管理的经验借鉴》，载《经济社会体制比较》2001 年第 4 期，第 48－53 页。

励降低，而国家要对这些代理者进行充分监察的费用又极其高昂，再加上行使国家权力的实体往往为了追求其政治利益而偏离利润最大化动机，因而，它在选择其代理人时也具有从政治利益而非经济利益考虑的倾向，所以，国有产权下的外部性也是极大的。相比之下，在私有产权下，私产所有者在做出一项行动决策时，他就会考虑未来的收益和成本倾向，并选择他认为能使他的私有权利的现期价值最大化的方式，来做出使用资源的安排；而且他们为获取收益所产生的成本也只能由他个人来承担，因此，在国有产权下的许多外部性就在私有产权下被内在化了，从而产生了更有效地利用资源的激励。① 同时，国有产权带来的低效可能不止于此，政府对经济的直接干预可能会导致市场秩序的紊乱，“政府作为我们如此多产品的购买者和作为许多厂商和工业的唯一购买者的重要性已经在政治当局的手中集中达到危险程度的经济力量，改变了私有企业运转的环境和私人经营成功的标准，从而通过这些或别的一些方法来危害自由经营的市场”②。并且，传统西方学者对国有企业的厌恶不只来自激励不足和效率低下等经济学视角，更来自对国有企业相伴随的公有制的担忧和对民主自由的担忧的社会学视角。“经济活动的完全集中管理这一观念，仍然使大多数人感到胆寒，这不仅是由于这项任务存在着极大的困难，而更多的是由于每一件事都要由一个独一无二的中心来加以指导的观念所引起的恐惧。”“人们一致同意一定要有一个中心计划而在目标上却没有一致意见，其后果十分类似于一群人决定一起旅行，而在想去的地点上都没达成一致，结果他们全体可能不得不进行一次他们大多数人根本不想去的旅行。”③

总而言之，国有企业的存在是不分国界和社会制度的，但是对于国有企业相伴随的公有制的担忧可能大于对国有产权激励不足和效率低下的担忧。国有产权激励不足和效率低下正是改革重点及路径方向，相应的对国有企业和公有制的批评和改革，笔者会在后文中做详尽分析。但这里必须指出，任何事物都有两面性，用一种思维范式去放大和否定一样事物的缺

① ［美］科斯等著：《财产权利与制度变迁》，刘守英等译，上海人民出版社 2004 年版，译者的话。

② ［美］弗里德曼著：《资本主义与自由》，张瑞玉译，商务印书馆 2004 年版。

③ ［英］哈耶克著：《通往奴役之路》，王明毅等译，中国社会科学出版社 1997 年版。

点是有待商榷的。

魏伯乐、奥兰·扬等人指出，在某些条件下，私有化产生了积极的效果，而在另一些条件下，则是消极的结果。私有化过程不乏成败参半和彻底失败的例子，在很多案例中，成本超过了收益。另一种情形是国家垄断也许被私营垄断所取代，而私营垄断甚至比公共的公用事业公司更少进行消费者管理，或者私营垄断者侥幸采用了不合理的价格却安然无事。另外，我们发现“强制性”私有化的案例使那些被迫进行私有化的人感到痛惜，并且，私有化可能会造成竞争不充分与私营垄断、“摘樱桃[①]”和穷人边缘化、私有化以及放松管制会为公司从事各种欺诈性做法创造条件。私有化有可能带来更高代价的竞争，与直观认为的相反，竞争会给消费者带来更高的价格。在德国私人家庭强制性火灾保险案例中就是这样，在私有和公共之间划一条明显的界限可以使分析工作容易很多，但极端的私有或极端的公共都是很危险的。有很多混合的做法也许是可行的，我们面临的也许不是在公共部门和私营部门之间简单的“非此即彼”的选择，而是在各种所有制形式和所有制、控制和融资模式上的多种选择。这在历史上是有先例的。例如，1602 年成立的荷兰东印度公司、1799 年成立的俄美毛皮公司等。私有化本身不是一个终点。私有化应当被看作提高效率的手段而不是消减或破坏政府地位的途径。我们主张对私有化的局限有一个健康的认识，而不是无条件的拥护或拒绝。[②] 换句话说，健康的私有化和市场化是一个过程，可能是一种非既定形成的结果，而非既定的结果。

我国的多种所有制改革和市场化改革目的是发展经济，提高人民福利，而非私有化和市场化。私有化和市场化只是手段，用私有化和市场化作为目的去排斥国有经济和国有企业存在的结果是不合理的，但是以私有化和市场化作为手段去批评不公平的竞争是合理的，对于我国的社会主义市场经济建设，对私有化和市场化的制度保障、过程保障重于结果保障。在某些研究批评国有企业效率低下导致国民经济整体效率低下的论述中，可能

---

① “摘樱桃”是指为富人而不是为穷人服务以便将其提供的服务限定在境况较好的市区内。

② ［德］魏伯乐、［美］奥兰·扬、［瑞士］马赛厄斯·芬格著：《私有化的局限》，周缨、王小卫译，上海人民出版社 2006 年版，第 532－545 页。

会过分地夸大机会成本，脱离现有状况一味地追求理想中无损耗的情况，不如脚踏实地做好能做好的事情，这才能为健康的私有化和市场化奠定基础。

（五）科斯定律改进与社会主义国有经济

1. 科斯定律与制度变迁视角下的社会主义国有经济定位再梳理

"科斯定律可以被理解为，市场交易费用为零时，不管初始产权如何界定，外部性都能够通过谈判等手段被内部化从而得到解决，市场机制会自动使得资源配置达到帕累托最优。"继科斯开创性地提出交易费用理念之后，交易费用成为经济活动不可分割的一个组成部分。自此，经济学分析必须从"无摩擦"的新古典环境转变成"新制度"环境。在新制度环境中，人被认为只有有限的信息获取和处理能力，广泛的不确定性、不对称信息、不完全合同、机会主义行为和正统新古典世界中不存在的许多其他"摩擦"特征都存在着。这一切都使得分析复杂化了。众所周知，新制度经济学的形成并不是有意识地建立与正统新古典范式相冲突的新学派的结果，但是，以交易费用和有限理性为特征的新制度理论体系不会产生新古典理论所预言的理想效率结果。①

为了在新制度经济学环境内更深入地分析经济学问题，本文从经济学最初的位置入手。如果说经济是选择的学问，那么选择就存在偏好。更重要的是，选择首先可被分为主动的或者被动的。如果是主动的，那么也就是主动地供需，以及相应的交易、价格、传导和再生产。如果是被动的，则可以分为合约、管理、法律等。因此，市场与科层不但使配置资源的方式具有选择的偏好性，其更是与选择相伴的范畴（无法割裂）。在被动性的选择模式下信息的完全与否不会影响交易，因为交易是既定的，所以信息几乎可以忽略；而对于主动性的选择，信息尤为重要，因为他人决策一定会影响交易，从而直接影响个人的效用。因为信息不对称的存在，个体的预期与得到的信息反馈的不协调会影响交易，以及相应的交易、价格、传

① ［德］埃瑞克·G. 菲吕博顿、鲁道夫·瑞切特编：《新制度经济学》，孙经纬译，上海财经大学出版社 1998 年版，第 1 – 3 页。

导和再生产。从这一过程中（如图 2. 1 所示），我们能够发现，制度能够使得交易更顺畅，从而降低交易费用并提高市场效率。在这个过程中，交易是基于认知的，也就是说预期是至关重要的，在买卖双方交易的前期，预期通常是不相同的。因此，不对称的认知与信息会影响交易时间的长度和

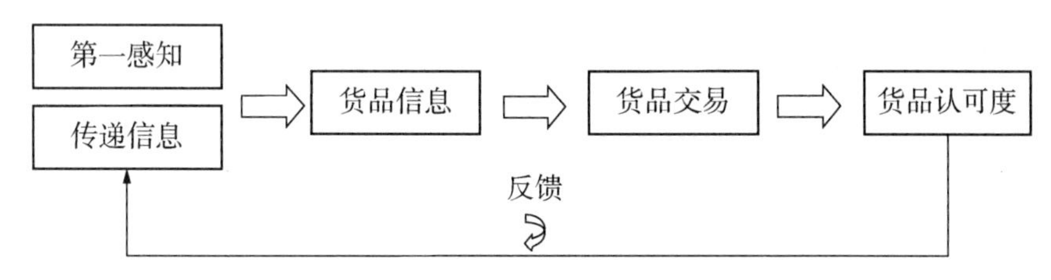

图 2. 1　商品实现交易的流程

范围的广度，这会导致价格机制的表达和实现不完全。交易费用的存在，一是因为预期成本和预期收益认知的不同，可能带来谈判、等待、调研的费用虚高，从而影响供求的真实表达；二是因为市场上本该完成交易的人，由于对风险的担忧，并没有完全表达供需数量上的意愿。这不但会降低市场的活跃度，更会使得价格的形成没有最佳的表现供求，从而影响真实的供需意愿。特别是在经济危机的时候，由于供给对于消费的担心，供给只是跟随需求。因此，当经济危机发生的时候，供给必须得到保证，财政政策不但要针对需求，更重要的就是稳定供给，使得可成交的有效需求提高。在这个分析框架内，我们不难发现交易的实现是尤为重要的。促进价格机制利用率的最优方式是降低交易费用，然而，降低交易费用的最优方式就是通过信息共识。信息共识通常基于同一种思维、习惯以及制度。在这里必须指出，对于制度的含义，秩序可以诠释得更好。这个含义更广义，接近于规则。把“institution”翻译成“制度”是不合适的，因为按照西方国家人们日常使用这个词的宽泛含义来判断，尽管“institution”一词涵盖中文“制度”的意思，但绝不仅限于制度的含义。“institution”更适合定义为“秩序”，更准确地说是已建立起来的秩序，由此所有的事物均被调规着。①

① ［美］H. 培顿 · 扬著：《个人策略与社会结构——制度的演化理论》，王勇译，上海人民出版社 2004 年版，第 8 – 10 页。

从这一理解和界定中，习惯、习俗、惯例都可以被视作一种制度。基于此，我们能够将影响信息的共识与广义的制度①同一。

通过以上分析，我们建立了制度对交易费用影响的分析框架。我们发现制度能够降低交易费用、提高价格机制的运行效率，但是随着市场和交易的发展，制度也应该有相应的发展。制度不是本来就有的，也不是一成不变的。根据我们最直观的生活经验，制度是在变化的，这种变化虽然可以归纳为怎样的制度更有利于效率，能产生效率改进，就能被创造并改进而维持一段时间，也就是诱致性制度变迁。诱致性制度变迁是指现行的制度安排的变更或替代，或者新制度安排的创造，它由个人或一群人，在响应获利机会时自发倡导、组织和实行②。诱致性制度变迁的发生会在原有制度无法提供相应的获利机会，而新制度可以提供的情况下被诱导发生。对于促使诱致性制度变迁的推动者（一个人或一群人）而言，推动者应该是获利者，也就是说获利最多的人（或群体）或预期获利最多的人（或群体）才最有动力去开发新的制度，并负担成本。而对于效率的改进，就存在两种形式，一种是帕累托改进，即最优改进，也就是无人变坏改进；另一种是卡尔多·希克斯改进，即有人被损害，但是推动效率改进方可获得的收益大于改进所要付出的成本（这个成本包括对抗和妥协的成本）。这样看来，制度对于经济的影响，并不是作用于确定的可划分的某些人，因为一种制度的创新，可能会带来其他群体或者行业的仿效，这种仿效是不需要初期风险和成本的，也就是说一个制度的创新的受益方很难被划分清楚。

---

① 一种制度的存在会直接影响甚至决定行为以及预期，从而影响交易。本文中提及的为经济提供服务的广义制度，基本可以分为：a. 用于降低交易费用的制度，例如，制度在一定的时间范围内会是强制的；又如，法令或者合同的有效性，等等，这些都会使得交易双方的行为界定明晰，从而使得交易更快地被达成。b. 用于影响交易广度的制度，由于某种制度的共知性，从而影响交易双方认知的一致，使得交易范围更广泛。c. 在交易之后，用来影响分配的制度，刚才谈论的两种影响，分别是交易前，对于交易深度和广度的影响，当交易完成，如果交易是不可接受的，这种对于交易事后的限制，可能是事先无法预知的，毕竟未来发生的事情是不确定的，这就需要调节，交易完成后的认知的再反馈，会直接影响传递信息，从而影响未来的交易。在图 2.1 的交易流程中，我们能够发现交易是一个不断深化和变动的过程，制度能够降低交易费用、提高价格机制效率，因此为了适应交易的不断深化和变动，制度也应该实现相应的调整。

② 林毅夫：《关于制度变迁的经济学理论：诱致性制度变迁与强制性制度变迁》，见《财产权利与制度变迁》，上海人民出版社 2004 年版，第 382－400 页。

由于社会的互动性和信息的传递，一个更有效的制度的贡献是对于整个市场，而不是直接对应于某些人，很难划分收益与成本的具体承担者和承担多少。所以说，制度是明显成本与收益无法完全支付与获得的，存在明显的外部性。通过社会成本问题的研习，不难发现，交易费用不可能为零，这也使得外部性不能完全内部化。

由于外部性问题，很可能有人多做或少做，也就是说，当制度被创造出来，在运行阶段更近似于公共品，必然有“搭便车”的行为，所以，诱致性制度变迁如果是制度变迁的唯一选择，那么一个社会的制度供给将少于社会最优①。

如图 2. 2 所示，首先，假定努力的边际收益是递减的，这合乎常理②。

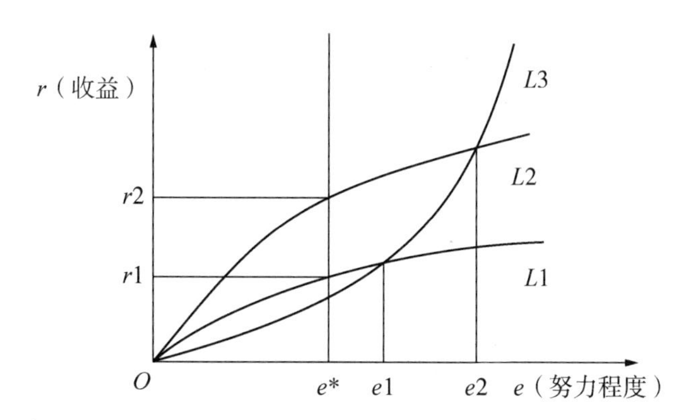

图 2. 2　诱致性制度变迁的努力边际收益模型

即 L1、L2 为努力的边际收益曲线，L3 为努力的供给曲线，努力的供给曲线和劳动的供给曲线类似，随着人们努力程度的增高，所获得的收益会增多，人们渴望的收益增量是递增的，不然人们会选择放假等休闲活动。L1 是外部利益不全得（少），L2 是利益全得（多），与 L3 的交点的横坐标是 e1，

① 林毅夫：《关于制度变迁的经济学理论：诱致性制度变迁与强制性制度变迁》，见《财产权利与制度变迁》，上海人民出版社 2004 年版，第 382 – 400 页。

② 长期的努力积淀有可能是边际收益递增的甚至是指数型的，但是从短期来看，质变不发生的情况下，努力的边际收益更倾向于递减。本模型描述的过程是诱致性制度变迁被外部化的过程，即诱致性制度变迁已经产生，产生之后的溢出过程应当属于短期过程。

$e2$ 则是在不同收益曲线下的努力程度。由此我们会看出，外部性带来的利益损失所带来的努力损失，从 $e2$ 到 $e1$，这损失是很大的。

为了弥补诱致性制度变迁的不足，强制性制度变迁有必要被引入。可是对于国家强制性制度变迁，国家也会考虑诸多问题，例如，税收的净收入、政治支持以及其他进入统治者效用函数的自变量，强行推行一种新制度安排的预期的边际收益要等于统治者预计的边际费用。而且在这个过程中还需要注意五个问题，尽量避免政策失败：①统治者偏好和有界理性；②意识形态的刚性；③官僚机构问题；④集团利益冲突；⑤社会科学知识的局限性。[①] 强制性制度变迁也存在问题，但是，为了弥补诱致性制度变迁的不足，强制性制度变迁的引入是有必要的，那么，提高强制性制度变迁的效率就是问题的关键。政府的政策失败仅靠自身对于问题的注意，监督和反思就能在事前或事情进程中弥补自身行为的不足是难有说服力的。本文大胆提出国有企业应该成为强制性制度变迁的执行者和引领者，政府则作为强制性制度变迁的设计者和监督者。这有以下两点依据：首先，在我国，国有企业具有足够的规模和决定力量，同时，政府能够以股东权益身份对国有企业的运行和发展提出建议，在这一基础上政府可以制定相应的制度变迁引领者的激励政策并保持局外监督，只要遵守政企分开并将激励政策透明化，官僚机构问题就能够得到改善。其次，统治者偏好与有界理性、社会科学知识的局限性与意识形态的刚性都可以看作指导实践的认识有局限性问题，想要克服这个问题首先就要建立一个能够有足够应变能力的监管平台，想要保证足够的应变能力首先要保证更广泛全面市场信息的获得。总的来说，基于我国的公有制现状，国有企业作为强制性制度变迁的引领者是可行的。这里需要注意，政府应该作为政策的设计者和监督者并且应该进入信息流转环节，以便于政策制定者也能够保持良好的应变性。最后，集团的利益冲突虽然存在成本的消耗，但是当政策的设计者与监管者退出竞争并且有开放的激励平台引入的情况下，引入民营企业提供强制性制度变迁就会使得竞争充分化，从而将集团利益冲突内耗的成本降低并

---

① 林毅夫：《关于制度变迁的经济学理论：诱致性制度变迁与强制性制度变迁》，见《财产权利与制度变迁》，上海人民出版社 2004 年版，第 382－400 页。

促进更优良服务的提供。

2. 科斯定律改进与制度变迁视角下的社会主义国有经济的理论定位

让我们再次回顾科斯先生的《企业的性质》，文中提到了两种组织形式用来配置资源，考虑到交易费用的存在，为了更好地追求利益，企业产生了。最有效率的选择也要冒相应的风险，而个人抵御风险的能力一般，所以个人会放弃自己可能会获得的利润，而选择被组织，而且被组织并不代表合同是固定的，虽然交易费用不为零，但是合同还会包含预期和谈判，资源也从作为商品的产出品配置到内部的生产资料配置①，基于交易费用不为零，人们在一定的可预期范围内会选择相对安稳或是相对风险，从而面对被组织或市场。基于此，我们给出下面等式：收益（被组织）=价格-管理费用；收益（市场效率）=价格-交易费用。当两种模式的价格相同时，如果交易费用低于管理费用，采用市场比被组织更有效；如果交易费用高于管理费用，采用被组织比市场更有效。降低交易费用最大的好处就是可以迫使管理费用降低，从而提高企业运行效率。当交易费用为零时，被组织将无利可图，任何被组织的形态都会消失。但是，当被组织可以影响价格时，只要收益（被组织）高于收益（市场效率），被组织将依然存在。

总的来说，通过降低交易费用的方式提高收益（市场效率）依然可以促使收益（被组织）的提高。只要政府可以适度地控制垄断价格并降低交易费用，企业的管理效率就必须得到提高。当交易费用为零时，谈判、讨价还价等已不需要成本，外部性降到最低且信息是完全的。这时我们可以认为交易几乎在瞬间完成，信息反馈也不需要受到任何约束，此时，没有价格的指引供求也能得到完美表达。因此，当交易费用为零时，市场已经不需要价格，市场得到了真正的解放。这与共产主义的理想十分相似。但是，哪怕价格不存在了，被组织所获得的定价权也会使得被组织形式被保持，交易无法达到完全平等。只要人还有自利心的驱使，并且定价权不被打破，交易的平等就不会存在。因此，市场想要进入更高级的状态，必须

---

① 张五常：《私有产权与分成佃租》，见《财产权利与制度变迁》，上海人民出版社2004年版，第130-132页。

至少打破其中之一。即不管初始产权如何界定，降低交易费用、打破垄断与合谋，可以使得外部性能够通过谈判等手段被内部化从而得到解决，并且，迫使科层配置资源的成本下降，市场机制会使得资源配置达到帕累托更优，市场效率与管理效率达到双重提升。菲吕博顿等人的研究也支持了这一观点，只有在采用非合作方法时，科斯定律才有可能成为正式理论。①

我们按照生活常理推断，当交易费用下降，等同于各种位置的人能更好地找到正的外部性溢出更少的岗位，收益（市场效率）是提高的，同时，收益（被组织）更难榨取外部性的额外溢出。这些本可以榨取的正的外部性的额外溢出，需要按照工资的形式给出。交易费用的降低使得管理效率被迫提升。在制度选择方面，也是如此。对于诱致性制度变迁的不足必须由强制性变迁弥补。强制性变迁是理性人追求的变迁，只是代表的群体更广泛，甚至是全体才有可能推动制度变迁，因此，政府天生就是制度变迁的必要参与者。但是，由于克服政策失灵只靠自身的反思、监督、改善是很难做到的。本文引入一个具有更广泛代表性并且非政府性质的团体作为制度变迁的执行者和引领者，国有企业就是执行和引领强制性制度变迁的不二选择。政府可以作为制度变迁与激励政策的设计者和监督者。通过本文开头段落的分析，从政策的制定者和激励的监管者的角度，政府应该提供完备信息，促进商品交易和商品信息更全面、更真实地表达，从而减少信息不对称、降低交易费用。同时，政府应当控制垄断价格从而促使国有企业提高管理效率。在这一过程中，政府恰巧担当了纯设计者和监督者的角色，退出了市场竞争并且能够克服前文提到的五点导致政策失误的问题。同时，我们需要注意到政党利益的追求，虽然政党利益的追求会尽量代表更广泛的人群，但是政党难免存在代表范围的局限性。我们需要逐步寻找制度层面的机制建设从而使得更广泛的群体意愿被表达。

激励的多元化也是被认可的，例如，劳动供给的向内弯折曲线。如图2.3所示，当收益达到一定程度后，人们趋向于休闲、旅行等生活活动，这是能够得到广泛认同的。也就是说，当 $L3$ 出现弯折，就有可能使得 $e1$ 和 $e2$

① ［德］埃瑞克·G. 菲吕博顿、［德］鲁道夫·瑞切特编：《新制度经济学》，孙经纬译，上海财经大学出版社1998年版，第349－368页。

在同一纵轴上出现，这就降低了“搭便车”的损耗；并且，收益的重要意义在于能够满足需求，在理想的发达社会或者社会主义社会条件下，财富是满足需求的重要手段，但需求可能是多元化的。当社会保障达到一定程度，利用多元化的需求，例如，尊重和认同等，使得 $L1$ 和 $L2$ 更加靠近是可能的，这也有利于 $e1$ 和 $e2$ 的趋同。

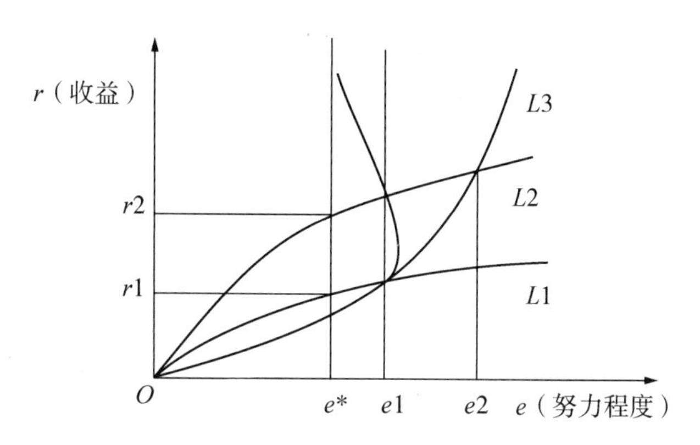

图 2.3　基于劳动供给的向内弯折曲线的努力边际收益模型

总的来说，社会主义是一个发展的更发达概念，而非确定的相对落后概念。其发达不只是经济效率的发达，更是精神生活的满溢。生产力决定生产关系，经济基础决定上层建筑，但一味地追求经济基础而忽略精神生活，可能会带来道德的沦陷，自由经济倡导的自利行为，核心是自利行为带来的集体利益的提高，这需要制度的完善和机制的保障。过分地夸大自由经济和自利行为在欧美也是行不通的，例如，无数次受到批判的企业社会责任的理论和行为，仍然在不断的批判声中前行着。改革过激留下的桎梏可能更加可怕，但是这一桎梏并不是阻碍改革的理由的渐进性改革，除了有步骤之外，更重要的是有步骤地趋向于好的改革，将改革的过激处放大本身就不利于改革。本书认为，随着我国国有企业改革的推进，将现有国有企业全面私有化并不现实，唯有通过促进竞争、改革治理结构并创建良好制度氛围、控制垄断价格、降低交易费用才是有效并可行的。将国有企业定位于强制性制度变迁的执行者和引领者，能够为大量国有企业与市场经济同时存在提供理论依据，并且有利于国有企业效率的卡尔多 · 希克斯改进，这是探索我国经济发展模式的关键。

根据本文逻辑框架，管理费用和交易费用的博弈，管理收益和市场收益的等式给了我们一个思路，那就是降低交易费用、控制垄断价格有益于制度变迁的诱导和管理费用的降低。政府应该完善市场建设，使得市场的结构明晰，反馈合理，流转顺畅；尽量地保证预期的非误导性，使得交易过程中的信息可以更优地被表达。在市场结构完善的情况下，信任和信心对信息传递过程有较大影响，因此，良好的市场需要具有以下三点特征：①市场结构的明晰，有合理的反馈；②政府运转结构的明晰，和市场与人民具有互动性的反馈；③信任与信心建设。这三点都有益于市场建设过程中政府管理效率的提高，有益于保障市场机制的良好运转。总的来说，一个良好的市场，可以提供更优的信息，这也会使得资源配置更合理，外部性降低，而一个优良的政府作为补充，会保证市场具有更良好的反馈，为风险提供最后一道保障。如果说诱致性制度变迁的不足是由于外部性的存在，那么良好的反馈和信息就能提高制度变迁的效率；同时，良好的反馈和信息能够降低交易费用、降低外部性从而降低管理费用，提高管理效率。

总的来说，我国的公有制属性决定了在我国国有企业难以被广泛私有化，以往文献将提高国有企业经营效率的研究落脚点大多集中在产权界定、创建市场公平竞争、硬化约束条件、公司治理与经营者激励约束或企业社会责任与企业文化共建等方面。这些研究可以被看作如何让国有企业脱离政府保护并独自经历风雨，这与国有企业的私有化有异曲同工之处。我国国有企业产权改革直至今日经历了近 20 个春秋，我国的经济社会发展也日新月异，现在并没有明显证据证明国有企业的效率低于民营企业。很多学者质疑国有企业的经营效率是由于政府对国有企业的权威作用影响了企业的自主性，然而只有很少证据证明权威在公司治理结构中具有负面影响，甚至有研究证明企业权威在公司治理结构中对企业的效率具有正面影响[①]。当然，由于 1982 年宪法修正案的约束，土地无法私有化，土地相关的资源

① 张军、王祺：《权威、企业绩效与国有企业改革》，载《中国社会科学》2004 年第 5 期，第 106－116 页。

和产品也无法从交易中体现出真实价格。国有企业垄断了某些重要产品的市场，我们更不能通过营业收入判断国有企业效率高于民营企业。由于绩效和机会成本难以准确计量，本章通过新制度经济学的过程型分析范式进行研究，给出了国有企业应定位于强制性制度变迁的执行者和引领者的角色，政府应定位于设计者和监督者的角色，并通过降低交易费用、控制垄断价格的途径促使国有企业实现卡尔多·希克斯改进。

二、全球融入视域下国有企业的定位发展是新时期中国能否融入并引领规则的关键变量

（一）国有经济是避免开放环境下“苏联式陷阱”的关键因素

大规模的国有经济与市场经济相融合的核心内容是处理好大量公有制、国有经济与市场经济的兼容问题。俄罗斯和东欧国家私有化改革，即所谓“休克疗法”，从改革结果上讲是失败的。但是，大多数学者仍然把结论停留在20世纪90年代中后期东欧国家的状况上，鲜有学者再去考证当今东欧国家的情况。在很多东欧国家，改革已经结束，相比之下，中国的改革还在继续。所以，东欧国家的私有化改革也许是一种失败，但中国的渐进式改革还不是一种成功。国有经济的所有者缺位是不争的事实，发展方式转变、关注民生等问题都有待解决。

国有经济的收益用来再投资发展我国经济是无可厚非的，但是国有经济应当更加关注民生。这并不是要求国有经济在国民消费品和生活服务领域进行业务拓展，只是要求国有经济应当把收益逐步反馈于民。国民会将收入消费到与其生活最相关的领域。市场经济最大的优势是通过价格机制自动调节商品的供求，市场经济条件下国有经济收益反馈于民绝不是商品供给问题，而是利润分配问题。这要求我国政府将国有经济收益反馈于民落到实处。当然，在技术和相应的物质条件方面，我国政府应当着力发展资本市场和现代金融体系，通过现代金融体系平台将国有企业利润回馈于民。当国民的收入水平能够与经济发展水平相同步，消费品和生活服务市场将得到更大的发展，这有利于提高我国第三产业收入和就业水平，从而

实现我国经济在消费及民生领域的良性循环，推动中国经济从投资和出口驱动转型成为以消费为主导的驱动模式，使我国国民切实感受到经济增长和社会主义的优越性。居民收入预期良好使得居民的消费性支出得到保障，同时，收入的稳定也能够稳定居民的私人投资，这也有利于我国资本市场的健康发展。市场经济的核心内容是分工合作和价格机制，分工合作保证了生产效率和供求市场的产生，价格机制调节供求的水平，供求市场的存在和规模变动又影响着分工和生产效率。现代金融加速了资金融通，扩大了市场规模，从而将分工合作、效率、市场规模都推举到了一个更高的水平。金融市场在配置资源的同时，也在配置投资者的意愿。这不仅是私有制的市场经济需要的，公有制也需要投资者或国民的意愿反馈。

中国需要建立和完善适应市场经济的现代金融体系。同时，房地产产业和汽车产业的发展将拉动相当大规模的集中投资，例如，道路等公共设施的建设。大规模的集中投资需要更多元化的监管体系从而抵御腐败、提高产品质量。除了政府和党的监管监督外，行业协会体系也应当被建立并完善，民众的意见可以反馈给政府或党的监管监督部门，但民众可能缺少专业性，具有专业性的行业或民间组织应当被建立，从而提高行业的发展水平。在此基础上，不断推动大量公有制、国有经济与市场经济的相融合，必能促进我国经济、社会的和谐发展。探索和完善中国经济模式是中国渐进式改革走向成功的必经之路，在世界范围内，随着后发国家的崛起，必将呼唤经济和政治的单极化向多极化过渡。欧洲债务危机和美国经济的衰落使得以美国为首的资本主义国家急需将国内矛盾和压力向外转移。以私有制为基础的资本主义市场经济已经尽显疲态，以公有制为主体、国有经济发挥主导作用、多种经济成分共存为基础的社会主义市场经济已经显示出优越性。在新的科技革命未来到之前，西方发达国家必通过恶意的经济干预和政治压制等手段实现其经济侵略的目的。独立自主、循序渐进的改革有利于世界各级势力的制衡和经济、政治单极化向多极化的平稳过渡。探索和完善大规模国有经济与市场经济相融合是利国利民的，它不仅是中国的问题，更是历史赋予我们的使命与责任。

（二）国有经济是能否彰显中国特色的关键变量

马克思历史唯物论的基本原理告诉我们，一种社会形态的性质，是由该社会占支配地位的生产关系所决定的。生产关系主要包括生产资料占有关系和分配关系，其中，生产资料占有关系决定着分配关系，有什么样的生产资料所有制就会有什么样的分配制度。分配的对象主要是剩余产品即利润归谁所有。利润归生产资料所有者所有，是迄今为止天经地义的规则。资本主义私有制决定了其全部利润归资本家享有，集体所有制的利润归集体享有，社会主义全民所有制的利润则由国家代表全民享有，再由国家根据全民的需要进行再分配。至于劳动者在资本主义雇佣劳动制下通过出卖劳动力换得的工资，和社会主义公有制条件下劳动者作为生产资料的主人通过按劳分配取得的收入，二者之间并没有多大的差别。因此，社会主义和资本主义之间的本质区别，在于生产资料和剩余产品归谁所有，资本主义社会占统治地位的生产关系是生产资料和剩余产品全部归资本家所有，它可以任意支配，这是社会财富分配两极分化的根源；社会主义社会占统治地位的生产关系是生产资料和剩余产品归全民所有，国家代表全民根据全民的需要进行支配。那么，在当前的中国，同时存在公有制和私有制的情况下，由哪一种经济成分决定中国的社会性质呢？辩证唯物主义认为，事物的性质是由占支配地位的一方所决定的，怎样判断是谁占据了支配地位呢？质量互变规律告诉我们，一方要想占支配地位必须在数量上超过对方，进而在质量上压倒对方。因此，中国社会要保持社会主义性质，必须使社会主义公有制在数量上和质量上保持优势，在此基础上保证大部分社会剩余产品归全民所有，这是实现共同富裕的根基。

发展导向编

第三章 全球融入视域下国有企业改革仍然是中国道路的动力来源

一、国有经济是中国经济体系的重要组成部分

在社会主义公有制中，集体经济属于半社会主义性质，而且其规模较小，力量微弱，它可以实现共同富裕，可以鼓励其发展，但难以支撑社会主义大厦。只有国有经济才是代表社会化大生产的先进生产关系，其为社会主义现代工业基础的建立做出了巨大的贡献，一直是社会主义的脊梁。但是，随着国有经济的战略调整，和国家对私营经济的扶持，近年来私营经济的发展明显快于国有经济，在国民经济中的比重不断提高，而国有经济的比重则不断下降（如表3.1和表3.2所示）。

表3.1 2000—2009年国有及国有控股工业企业占全部规模以上工业企业的比重的变化

年份	企业的单位数量	总产值	资产总额	利润总额	从业人数
2000	10.10%	33.30%	48.10%	44.00%	27.20%
2009	4.70%	26.70%	43.70%	26.90%	20.40%
比重年均下降	0.60%	0.73%	0.49%	1.90%	0.76%

注：资料来源于朱剑红《私营经济发展快于国有经济统计数据否定国进民退说》，载《人民日报》2010年8月2日，及《中国统计年鉴》计算所得。

表3.2 2005—2010年私营工业企业占全部规模以上工业企业的比重的变化

年份	企业的单位数量	总产值	资产总额	利润总额	从业人数
2005	45.60%	19.00%	12.40%	14.30%	24.50%
2009	58.90%	29.60%	18.50%	28.00%	33.70%

续表

年　　份	企业的单位数量	总产值	资产总额	利润总额	从业人数
2010	60.30%	30.50%	19.70%	28.50%	34.70%
比重年均上升	2.94%	2.30%	1.50%	2.80%	2.00%

注：资料来源于朱剑红《私营经济发展快于国有经济统计数据否定国进民退说》，载《人民日报》2010年8月2日，《中国统计年鉴》计算所得。

从表3.1和表3.2的数据可以看出，2009年全国规模以上工业企业5个主要经济指标中，私营工业企业已经在企业单位数、工业总产值、利润总额和从业人数4个指标上超过国有及国有控股工业企业，国有及国有控股工业企业仅在资产总额这个指标上对私营工业企业还有优势。但是，如果按照国有及国有控股工业企业资产总额近年来年均比例下降0.49%，私营工业企业资产总额年均比例上升1.50%这一趋势发展，国有经济这点仅有的优势也会很快丧失。规模以上工业企业是中国最重要的工业基础，代表着社会化大生产的发展水平，如果国有经济在规模以上工业企业中丧失数量优势，特别是如果像有些人主张的那样，国有企业还要在盈利性领域完全退出，在自然垄断领域也要允许私营经济大举进入，那么国有经济在一些关系国计民生的最重要行业中的主导地位也会丧失，量变会引起质变，中国的社会主义性质也就令人担忧。从第二次全国经济普查结果来看，私营经济在贸易业领域已占绝对优势（如表3.3所示）。

表3.3　2008年国有控股企业与私人控股企业在批发和零售业所占比重

企　　业	法人企业个数	销售额	资产总计
国有控股企业	3.8%	32.9%	29.6%
私人控股企业	80.8%	45.7%	44.2%

注：资料来源于朱剑红《私营经济发展快于国有经济统计数据否定国进民退说》，载《人民日报》2010年8月2日。

批发和零售业与民生息息相关，它是通过价格对居民收入进行再分配的主要工具。由于私人资本在批发和零售业已占据绝对优势，使得一些资本大鳄在市场上囤积居奇、哄抬物价的现象时有发生，许多商品的零售价超过出厂价几十倍甚至上百倍，而国有经济对物价的平抑作用已越来越微弱。在国有经济比重不断下降，私营经济比重不断上升的同时，中国政府仍继续实行对非公经济的优惠政策。从各种经济成分的税赋负担来看，国有企业的税负在1991年以后一直高于其他所有的经济成分（如表3.4所示）。

表3.4　各种经济成分的税赋负担

年　　份	国有企业	集体企业	个体经济	其他经济
1979	34%	10%	40%	11%
1991	15%	5%	21%	11%
1992	13%	4%	7%	7%
1995	14%	3%	3%	2%
2003	29%	4%	7%	21%
2004	27%	4%	8%	21%
2005	25%	3%	9%	21%
2006	22%	2%	9%	22%
2007	20%	2%	10%	21%
2008	20%	1%	9%	25%
2009	16%	1%	10%	22%
2010	15%	1%	11%	21%
2011	15%	1%	11%	20%

注：资料来源于楼继伟《新中国50年财政统计》，经济科学出版社2000年版和2000—2012年《中国财政年鉴》。

从表3.4的数据来看，自1991年以后，国有企业的负担维持在非国有经济的2～4倍。国有经济在税赋负担上与非公经济处于不利的竞争地位。另外，私人投资占城镇固定资产投资的比重不断提高，2010年首次超过50%。在2002年中国加入世贸组织以后，中国对外开放步伐逐渐加快，外资赋税贡献大幅度提升。2008年全球金融危机以后，外资赋税贡献逐步趋向于平稳，民营企业赋税贡献逐步提升，但依然远低于国有经济赋税贡献水平。根据以上数据所显示的发展趋势来判断，国有经济在整个国民经济领域中的控制和主导地位不容忽视。

中国实行改革开放以来，为了在社会主义初级阶段补商品经济的课，迅速发展生产力，坚持社会主义基本经济制度与市场经济相结合，坚持对国有企业进行改革使其适应市场经济，同时对国有经济布局进行战略调整，收缩战线，使其退居在关系国计民生的最重要行业中占主导地位，为中国经济稳定高速的发展起到了至关重要的作用。国有经济的退让，为非公经济的发展腾出空间，政府对非公经济实行优惠政策，使得非公经济规模迅速扩张。中国在推行一系列市场化改革的同时，以国有经济为主要依托，对国民经济的发展保持了强有力的调控，使得中国经济以年均10.5%的比率持续高增长，取得了举世瞩目的发展成绩。但是，统计数据表明，以国有经济为主的公有制经济对以私营经济为主的非公经济在数量上已不占优势，虽然国有经济在一些关系国计民生的最重要行业中仍居主导地位，但如果继续按“私进国退”的趋势发展下去，特别是像有些人主张的对大型国有企业也私有化，国有经济这块最后的社会主义阵地也将难保。国有经济的数量和质量，决定着中国社会的性质。要坚持走中国特色社会主义道路，国有经济已经退无可退。

二、国有经济是应对市场失灵和外部经济冲击的重要保障

国有经济的退无可退意味着一个同样重要的现实问题出现了，那就是国有经济如何发展，往哪里、哪个方向发展。与此同时，一些学者已经从理论上开始关注国有经济发展的中国经济模式问题。总的来说，中国经济模式涵盖内容广泛，包含基本制度、经济体制、发展方式等诸多方面内容，主要表现为中国经济的长期高速增长，是中国通过艰苦努力、主动创新和大胆实践，摸索出的一个适合本国国情的发展模式。

同时，必须指出的是，中国经济模式不是单一的经济问题，经济也从来不只是经济问题，经世济民应当是在历史上的一个回顾，这应当遵循一定的历史观。马克思主义政治经济学指出经济基础决定上层建筑，上层建筑又反作用于经济基础。讨论中国经济模式，需要在整体性视野中从经济、政治、文化、社会、历史等方面综合考虑中国具体情况，只有这样才能从

实践中发展中国经济模式。因此，中国经济模式更类似于一个文化概念，找寻中国经济模式是为了促进我国经济、社会、人文的和谐发展，真正具有优势或者说强势的文化不在于否定其他，而在于兼容性，即在受到不断冲击的发展过程中能够更加丰富而不是消亡。探索和完善中国经济模式是利国利民的，是历史赋予我们的使命与责任。

三、国有经济能够纠正全球财富两极分化问题、调动全民积极性

改革开放40多年来利用市场经济和资本主义方式发展生产力的结果，一方面推动了中国经济的高速发展，另一方面也使中国社会出现了资本主义社会所固有的弊端，这就是社会财富分配的两极分化。我国基尼系数（如表3.5所示）已从改革开放初的0.28上升到2007年的0.484，这是十分危险的信号。国际上通常认为，基尼系数0.4是警戒线，一旦基尼系数超过0.4，表明财富已过度集中于少数人，该国社会处于可能发生动乱的“危险”状态。世界银行报告显示，美国是5%的人口掌握了60%的财富，而中国则是1%的家庭掌握了全国41.4%的财富。中国的财富集中度甚至远远超过了美国，成为全球两极分化最严重的国家之一。[①] 随着2008年美国金融危机的爆发，中国外资占比逐渐趋向于平稳，国有经济在上游产业占比持续提升。在国有经济高质量发展下，中国基尼系数呈现出趋稳态势。这是一个较为积极的信号。

表3.5　2003—2013年我国居民收入基尼系数

年　份	2003	2004	2005	2006	2007	2008	2009	2010	2011	2012	2013
基尼系数	0.479	0.473	0.485	0.487	0.484	0.491	0.490	0.481	0.470	0.474	0.473

资料来源：新华视点《2013年全国基尼系数为0.473》，新浪财经（http://finance.sina.com.cn/china/hgjj/20140120/101518011675.shtml）。

① 丛亚平、李长久：《中国基尼系数实已超0.5　财富两极分化》，载《经济参考报》2010年5月21日。

世界经济论坛达沃斯年会发布的《2014 年全球风险报告》称，最富裕人口和最贫困人口之间长期存在的收入水平差距，将最有可能成为未来十年最大的全球性风险。英国慈善组织乐施会 2014 年 1 月在题为《为少数人打工》的报告中，依据最新统计的贫富数据显示，目前世界上最富有的 8 人，掌握着全球将近一半的财富，相当于全球底层 35 亿人财产相加的总和；而且在有统计数据的 30 个国家中，有 29 个国家对最富有人群的征税一直在下降。一向被国人看好的新加坡，近年的居民收入基尼系数已高达 0.478，在发达经济体中高居前列。为了缩小贫富两极分化，新加坡置自由港的比较优势于不顾，正酝酿继续提高对奢侈品、富人和高收入者的税率。①

按照邓小平同志所说的是否导致两极分化作为衡量改革开放成败的标准，改革开放前期利用私有制发展生产力，出现一些偏差在所难免，也并不可怕。可怕的是明明知道已经偏离社会主义方向而不去纠正。那么，谁来纠正改革开放中出现的偏差呢，社会主义的上层建筑具有不可推卸的责任。历史唯物主义认为，经济基础决定上层建筑，上层建筑要发挥维护和发展自身经济基础的功能，上层建筑对经济基础具有强大的反作用，这种反作用表现为三种情况：沿着经济发展的同一方向推动经济的发展；沿着经济发展的相反方向破坏经济的发展；阻碍经济向某种方向发展从而推动它向另一个方向发展。上层建筑主要包括意识形态和国家政权，意识形态特别是核心价值观指导经济基础的发展方向并消除经济基础向某一方向发展的思想障碍。而国家政权则在意识形态的指导下直接对经济基础的发展方向起强制推动或阻碍的作用。由于国家政权有左右舆论和强制推行制度变迁的强大力量，所以国家政权在短期内对经济基础的发展方向起着决定性的作用。当然，国家政权的性质是可以改变的，判断其性质是否改变，就看它推动经济基础最终向什么方向发展。如果它推动经济基础向与原来相反的方向发展，这种推动可能是强制也可能是渐变而不加纠正的，这就说明国家政权的性质已经改变。中国的改革开放，属于强制性制度变迁，

① 徐传谌、何彬、艾德洲：《逐步实现共同富裕必须发展和壮大国有经济》，载《马克思主义研究》2014 年第 9 期，第 51－61 页。

无论是国有企业的改革，还是私营经济的发展，都是由政府推动的。然而，当强制性制度变迁确立或发展到一定程度，就会伴随着诱致性制度变迁。当私人资本力量逐渐强大以后，政府干部就有可能抵御不住金钱的诱惑，与私人资本合谋，利用手中的权力向私人资本输送利益而逐步瓦解社会主义经济基础。

纠正改革开放中所出现的偏差，是坚持走中国特色社会主义道路的中国国家政权义不容辞的责任。对此，邓小平同志曾指出："讲开放问题，不要忽视国家机器的作用。我们社会主义的国家机器是强有力的。一旦发现偏离社会主义方向的情况，国家机器就会出面干预，纠正过来。开放政策会给我们带来一些风险，一些资本主义的腐朽东西会被带进来。但是，我们的社会主义政策和国家机器有力量去克服这些东西。所以事情并不可怕。"[①] 衷心希望中国共产党和中国政府不仅在舆论宣传上高举中国特色社会主义的旗帜，而且在实践中坚决纠正继续私有化和严重两极分化的趋势，使改革开放回到坚持公有制为主体、实现共同富裕、完善社会主义制度的轨道上来。

---

① 邓小平：《改革是中国发展生产力的必由之路》，转引自新华网（http：//news. xinhuanet. com/ziliao/2005 -02/06/content_ 2554677. htm）。

第四章　全球融入视域下以创新为导向的国有企业集成式改革

一、基于多边协议继承性的国资国企改革的国民待遇原则导向问题

（一）国民待遇原则与国资国企改革的关联问题

国民待遇原则（National Treatment）是国际法实践中用于保证外国直接投资在东道国受到非歧视待遇的主要通用标准之一，与公平和公正待遇（Fair and Equitable Treatment）和最惠国待遇（Most Favored Nation Treatment）等标准一起成为国际投资协定中公认的最核心的基本原则。[①]

国民待遇原则主张最早可追溯到18世纪末的法国，但直到1947年，国民待遇原则才作为国家间有约束力的规定在《关税与贸易总协定》中被正式提出。[②] 国民待遇原则也从产品贸易向服务贸易再到投资领域过渡。在这一过程中国民待遇原则的应用领域逐步推广，但国民待遇原则的初衷始终未变，一直都是根植于市场经济体系，致力于维护国际上国家之间的自由竞争关系。简单来看，国民待遇原则就是一国企业到他国营商，在遵守他国法律的情况下，同时要享有他国企业营商所具备的同等的条件，被给予同等的对待。1995年，世界贸易组织（World Trade Organization，WTO）成

① 盛斌、纪然：《国际投资协议中国民待遇原则与清单管理模式的比较研究及对中国的启示》，载《国际商务研究》2015年第1期，第5－17页。

② 张之光、陈春燕：《国民待遇的产生、演变及实质透析》，载《当代经济研究》2000年第7期，第38－40页。

立伊始，继承了《关税与贸易总协定》的基本框架，虽然WTO提出并具有明确条款要求（承诺）的《与贸易有关的投资协定》《服务贸易总协定》《政府采购协定》和《与贸易有关的知识产权协定》都涉及投资准入问题，但其国民待遇原则的具体义务仍然针对货物贸易。[①]

2008年，中美双边投资协定谈判，美方提出了准入前国民待遇的要求，将国民待遇原则直接推广到投资准入领域，经历了九轮谈判，中国同意以准入前国民待遇和负面清单为基础推动全面开放，国民待遇原则自此包含了准入后营商和准入前进入的各个环节。自此，从“货物贸易—服务贸易—境外投资”全链条的跨境市场行为都被纳入国民待遇原则中。[②] 与准入前国民待遇相适应的负面清单制度也倒逼中国开创性地设立了中国（上海）自由贸易试验区，先试先行，为中国全面开放提供改革试点支撑。

2010年，美国参与后主导的跨太平洋伙伴关系协定（Trans - Pacific Partnership Agreement，TPP）对国有企业十分关注，独立设置了对国有企业行为进行规制的限制性条款。[③] 以国民待遇原则为基础的多边贸易协定与国有企业改革直接关联，形成了强联系。虽然美国阶段性地退出了TPP，但是后续由日本主导的全面与进步的跨太平洋伙伴关系协定（Comprehensive Progressive Trans - Pacific Partnership，CPTPP）延用TPP的基本框架。

2017年3月15日，国务院正式印发了《中国（辽宁）自由贸易试验区总体方案》（以下简称“辽宁总体方案”），虽然在各片区功能划分上仅对产业规划提出了重点和愿景，但在主要任务和措施中，辽宁总体方案中明确了两项特色改革任务：一是在加快老工业基地结构调整中明确提出了国资国企改革的重点任务；二是加强东北亚区域开放合作问题。综观辽宁总体方案，产业升级与创新发展是工作的总体目标，自由贸易试验区营商环境构建过程中的行政职能转变、投资便利化、贸易便利化和金融开放都能够

① 赵玉敏：《国际投资体系中的准入前国民待遇——从日韩投资国民待遇看国际投资规则的发展趋势》，载《国际贸易》2012年第3期，第46－51页。

② 胡加祥：《国际投资准入前国民待遇法律问题探析——兼论上海自贸区负面清单》，载《上海交通大学学报（哲学社会科学版）》2014年第1期，第65－73页。

③ 毛志远：《美国TPP国企条款提案对投资国民待遇的减损》，载《国际经贸探索》2014年第1期，第92－100页。

围绕产业升级与创新发展开展。这也不难理解在加快老工业基地结构调整中服务业的发展重点是生产性服务业。从这一发展导向来看，深化国有企业改革不只是“完善国有企业治理模式和经营机制，实施分类监管和改革，探索健全以管资本为主的国有资产监管体系。稳妥推进自由贸易试验区内企业混合所有制改革，探索各种所有制资本优势互补、相互促进的体制机制。建立健全产权清晰、权责明确、政企分开、管理科学的现代企业制度。推进经营性国有资产集中统一监管，优化国有资本配置，放大国有资本功能，大力推进国有资产资本化。简化地方国有创投企业股权投资退出程序，地方国有创投企业使用国有资产评估报告实行事后备案”等具体的改革工作，宏观上看，国有企业改革应当与促进产业转型升级和发展生产性服务业共同构造了加快老工业基地结构调整的工作总体框架。

中国自由贸易试验区既是深化改革的试验田，更是以开放促进改革的实践地。那么，国资国企改革就应当在加快老工业基地结构调整的工作思路上叠加开放经济环境。一方面，是与东北亚区域开放合作相适应；另一方面，是与国内＋国际两个市场相统一的媒介角色相适应。那么，产业体系的跨境合作、供应体系的内外关联就被附加在国资国企改革的总体方向上。辽宁总体方案中明确的国资国企改革的重点工作仅仅是一项基本工作，作为特色任务，需要从总体方案的宏观层面，形成提纲挈领式的中长期发展思路。这是特色任务的战略重点，更是总体工作框架能否贯穿的一个战略抓手。

（二）时代背景与条款参照

2017 年 1 月，美国总统特朗普正式签署行政命令，宣布美国退出 TPP，2017 年 11 月 11 日，日本与越南在越南岘港举行新闻发布会，由日本牵头两国共同宣布除美国外的日本、澳大利亚、新西兰、加拿大、墨西哥、新加坡、越南、文莱、智利、马来西亚和秘鲁共 11 国就继续推进 TPP 正式达成一致，并决定将 TPP 更名为 CPTPP。

2018 年 3 月 8 日，参与 CPTPP 谈判的 11 国代表在智利首都圣地亚哥正式举行了协议签字仪式，宣布 2018 年 12 月 30 日 CPTPP 正式生效。根据联合声明显示 CPTPP 是在原有的 TPP 框架的基础上发展而来，对 TPP

协议的保留条款超过95%，搁置的22项条款其中有11项与知识产权有关，多为短期内亚太地区发展中国家难以实践的条款。具体来看，相对TPP，CPTPP暂时搁置的条款有：一是“海关监管与贸易便利化”条款。主要内容体现在5.7条，规定在正常情况下，对等于或低于根据缔约方法律所设定的固定数额不计征关税。每一缔约方应定期审议该数额，同时考虑相关影响因素。搁置该条款使谈判难度降低，但是在复谈时，免税数额的确定、依据及成员方间的协调难度不小。二是“投资”条款。如“投资的定义”“投资仲裁”条款和“特定国家的例外条款”。三是“服务贸易”条款，10－B.5，缔约方不得允许邮政垄断所涵盖的服务提供者用其通过邮政垄断服务获得的营业收入，对其自身的快递服务或其他任何竞争者提供的快递服务进行交叉补贴。10－B.6，在提供快递服务时，不得违反国民待遇和市场准入的承诺。条款设计的初衷是对邮政的垄断行为进行约束，有利于促进贸易公平。四是“金融服务”条款。五是“电信服务”条款13.21条：复议。任何企业因该缔约方电信监管机构的裁定，导致其合法、被保护利益受到不利影响时，可要求复议。当然，该条款不得成为企业不遵守电信监管机构裁定的借口。六是“政府采购”条款15.8条，政府采购条款的实施必须符合“透明度与反腐败”章节的规定，且不妨碍缔约方推动经认可的劳动权利的相关法律。但上述措施的遵循不得成为国际贸易的变相限制或歧视。15.24条是进一步谈判，即TPP规定在本协定生效后的3年内，应该开始针对次中央政府采购的谈判。七是知识产权条款，相对TPP，CPTPP搁置最多的条款主要集中在这一章节，有国民待遇条款的18.8条，国民待遇条款中包括作品、表演以及录音制品的版权和相关权利的使用费。保护对象规定条款的18.37条，即可授予专利的客体范围：已知产品的新用途、使用已知产品的新方法以及新工序。在遵守相关规则的前提下，专利可以授予源自植物的发明。18.52条，即生物制剂。对生物制剂在缔约方首次上市的保护期和保护时间提供了明确的说明。比如，药品的保护期为5年或8年，药品新效用、新配方或新给药方法为3年。18.79条，即对载有加密节目的卫星和有线电视信号的保护。对违反相关条款的行为定为犯罪行为，并给予刑事处罚，对于利益相关者提供民事救济。保护期相关规定18.46条：因专利局的延迟而调整专利保护期。18.48 条：因不合理缩短而增加专利保护期的情况，也可采用加速上市许可申请程序，特别强调了药品的专利保护。18.63 条：版权和相关权利的保护期。保护措施相关规定 18.68 条：技术保护措施。采取法律保护和法律救济支持作者、表演者或录音制品制作者为保护其作品采取的技术措施。18.69 条，权利管理信息：提供充分和有效的法律救济以保护权利管理信息，并对故意去除、改变权利管理信息以及以分销为目的进口、广播、传播或向公众提供作品、表演或录音制品的行为适用刑事程序和处罚。18.82 条及其附件（18－E，对 J 节的附件）。18.82 条为法律救济和安全港，保证权利人在在线环境下发生侵权后能够获得法律救济，并为互联网服务提供商的在线服务设立或维持适当的安全港。知识产权条款是美国意识的集中体现，搁置项主要对药品、电信等行业给予了一定的管制放松。除此之外，还有环境条款 20.17 条：规定了野生动物非法获取和非法贸易适用的法律。不仅不能违反缔约国的相关法律，而且获取或贸易发生地的法律也不能违反。“透明度与反腐败”条款 26－A.2 条程序公正条款。上述 22 项搁置条款是美国产业和行业外溢的重点，除此之外，CPTPP 还是保留了 TPP 的主要内容。[①]

CPTPP 正式签署后，11 个签署国 GDP 总值约为 13.5 万亿美元，占全世界 GDP 的 13.4%。虽然对国际投资贸易的总体影响远小于 TPP，但是这些国家主要集中在亚太地区，由日本牵头，相对东北地区而言，长期的以中日为重心的东北亚合作，其实质影响和基本格局并未有显著变化。综合来看，相对 TPP，CPTPP 搁置的主要是电信、药品、邮政等具体产业的规范要求，总体的协议框架和内容结构没有大的变化，CPTPP 依然是迄今为止最高水平的经贸自由机制和最高水平的国际投资贸易规则的集中体现。在对外开放，尤其是对亚太地区（以东北亚地区为主）的营商环境和国际经贸规则相对接，CPTPP 都是可参照的最规范和最高水平模板。对于竞争中立、政府采购、国有企业、知识产权等依然有明确的概念界定和营商规范的全面要求。值得注意的是从中国加入 WTO 伊始，对外开放的国民待遇原则就

---

① 白洁、苏庆义：《CPTPP 的规则、影响及中国对策：基于和 TPP 对比的分析》，载《国际经济评论》2019 年第 1 期，第 58－76 页。

已经成为中国改革开放的外在约束条件和外在规范要求，在叠加中国（辽宁）自由贸易试验区全面开放新格局和国民待遇原则的总体架构上，CPTPP就成为中国（辽宁）自由贸易试验区国资国企改革无法绕开的外在约束条件和外在规范要求。总体而言，辽宁总体方案明确提出了要打造更加公平便利的营商环境，加快构建双向投资促进合作新机制。那么国民待遇原则下中国（辽宁）自由贸易试验区国资国企改革就要在促进东北地区产业升级与创新发展的总体框架内，与CPTPP的营商规范要求相对接，将外部（约束）压力转变为开放促进深化改革和标准对接促进双向合作的倒逼助力。

（三）与国资国企改革相关的国民待遇原则探析

虽然在实践运行中，东道国往往会努力维持一些特殊的外资国民待遇的例外条款与限制推广措施[①]，但不论是世界贸易组织还是国际经济合作与发展组织（Organization for Economic Co-operation and Development，OECD），国民待遇原则已经基本成为开放的基本承诺条款，成为协议签署前需被确认的首要认同条款，成为改革的“大方向”。在TPP和CPTPP中国民待遇原则都被前置为协议的第2章首要确认条款[②]。值得注意的是WTO早期提出的国民待遇原则通常指针对货物的国民待遇，而TPP之后，包括CPTPP，国民待遇原则都被向市场主体营商领域推广，也就是通常所谓的国民待遇中市场准入的主体化转变。这就使得国民待遇原则的内涵更加宽泛，与市场主体准入后营商相关联的环境标准都成为国民待遇原则可以涉猎的核心领域。目前，在CPTPP中与国资国企改革相关的国民待遇原则主要包括以下几点：

1. 国有企业与指定垄断

从TPP到CPTPP，多边贸易规则的谈判和最终制定并非针对贸易市场准入问题，而是希望建立以规则为本的市场经济原则。对于市场经济，核

---

① 单文华：《外资国民待遇及其实施条件》，载《中国社会科学》1998年第5期，第128－142页。

② 第1章多为一般定义，明确自由贸易和自由贸易港的基本概念、名词来源，以及与其他协定的关系。

心是确立市场主体的产权地位，在此基础上建立公平透明的竞争关系，而国有企业通常是大企业，不仅具有垄断优势更具有政府补贴的软预算国家支持，在以规则为本的市场经济原则下，规则越公平，小企业的竞争劣势就越明显。随着以企业营商为核心的全球化进程的持续推进，国有企业已经成为以中国为代表的新兴经济体与发达国家之间产生摩擦的重灾区。[①] 从 TPP 伊始，由发达国家主导的多边经贸规则就开始着力将国有企业及相关问题直接列入协议框架。CPTPP 中也将国有企业与指定垄断一起单列为章。

具体来看，虽然 CPTPP 将 TPP 明确的国有企业由政府直接或间接持股超过 50% 或具有 50% 以上投票权能够任命董事会和管理人员的条款搁置，以模糊国有企业的定义。但对于非商业援助的条款依然明确规定一国政府因对国有企业的拥有权和控制权给予的帮助，甚至是通过政府控制为一国国有企业提供的某种商品和服务的指定垄断都有明确要求，其中明确要求并非反对一起国有企业和垄断指定行为，而是从产品和服务提供的角度规范，在这一类企业存在的情况下，给予其他缔约国企业的产品提供和服务不得高于本国企业提供产品和服务的价格和水平，并且明确要求在一国国有企业被提供非商业援助的情况下，不得以非商业援助损害缔约方企业的利益。综合来看，国有企业与指定垄断并非明确要求企业具有私营的产权性质和直接推动国有企业多元所有制改革，而是对竞争行为提出了明确的要求，即政府要保持中立原则，不得歧视不同国别和不同性质的市场主体，国有企业不得通过指定垄断或垄断的事实对不同国别和不同性质的关联企业提供产品次级定价和次级服务。在透明度条款的基础上，如果缔约方及相关企业提出了一国国有企业存在市场歧视，该国需要主动提供相关资料，并由缔约方发起，每一个缔约方派代表参与设立的国有企业和指定垄断委员会进行仲裁。值得注意的是，该章节并非针对企业性质而是针对营商行为，从第 24 章中小企业章节也能够反映出，垄断不只是政府权力的指定垄断，对中小企业营商有垄断和非市场化的行为都要进行专项监

---

① 吴敖祺、廖若：《“自由体制”与中国改革战略》，载《文化纵横》2013 年第 6 期，第 68 – 73 页。

管，旨在推动市场化，打破歧视和垄断。同时，该章节也明确提出了例外情况，这些例外情况也使得国际法判案普遍存在的长周期判案的难题被保留。但该章节为一国对指定垄断和国有企业的市场化营商监管提供了明确的指引。由于CPTPP中搁置了对国有企业的明确定义，所以国有企业的持股并非必须低于50%，但绝对控制权依然需要被适度打破，以规避相关的条款要求和审查。

2. 竞争监管与投资问题

相对第17章国有企业与指定垄断章节，第16章竞争政策章节内容偏少，但也较为重要，里面的诸多内容对第17章国有企业与指定垄断章节有市场经济监管规则构建的载体意义。一方面，竞争政策是竞争监管问题的核心内容，这是对竞争行为的市场化监管和国民待遇实践的关键约束条件；另一方面，深入分析竞争政策章节有利于进一步加深对国有企业与指定垄断章节的理解。

TPP及CPTPP的第16章竞争政策中，首先明确提出了竞争法与主管部门的基本要求，在基本监管架构的基础上，优先明确了竞争执法中的程序正义问题，其次在此基础上提出了在自由贸易区有效竞争执法的跨境监管主体合作问题，对于一国的争议行为，缔约国可以提出信息公开的要求，并且本章出现的对具体条款的争议不适用争端解决事项。也就是说，竞争监管是缔约国必要遵守的监管基础原则。虽然要求和条款较少，但相关要求均为硬约束，以确保缔约国具备基础的、公开适用的、可对话的基本竞争监管机制，从而为国民待遇原则兑现提供市场化载体环境。总体来看，《关贸总协定》的以市场化促进和维护自由开放的贸易制度的总体思路①在TPP及CPTPP中的竞争政策章节得以延续。

在竞争监管促进市场化营商环境建设的基础上，再审视投资问题，主要包括从第9章投资和第11章金融服务都涉及的国民待遇问题。投资的国民待遇条款第9.4条明确提出“在投资的设立、获取、扩大、管理、经营、运营、出售或其他处置方面，既不得低于在其领土内相似情况给予本国的

---

① ［日］松下满雄著：《世界贸易组织的基本原则和竞争政策的作用》，朱忠良译，载《环球法律评论》2003年第1期，第49－58页。

投资者待遇，也不得低于在相似情况下给予本国投资者在其领土内投资的待遇”，并且这一国民待遇原则也被拓展到最惠国待遇领域，既不低于国民待遇也不低于最惠国待遇。对投资的国民待遇原则也被沿用到金融机构，但是由于金融业在开放情况下受到的冲击过大，尤其是保险业具有一定的本国特殊性，既是谈判的焦点也具有诸多非系统性的限制空间。

3. 政府采购问题

相对 TPP，CPTPP 暂时搁置了“政府采购”条款 15.8 条和 15.24 条，其中，15.8 条主要是政府采购条款的实施必须符合“透明度与反腐败”章节的规定，且不妨碍缔约方推动经认可的劳动权利的相关法律。但上述措施的遵循不得成为国际贸易的变相限制或歧视。15.24 条是进一步谈判，即 TPP 规定在本协定生效后的 3 年内，应该开始针对次中央政府采购的谈判。

综合来看，“政府采购”条款也是国民待遇原则的重要组成部分。15.4 条总结即国民待遇和非歧视条款。明确提出“对于有关涵盖采购的任何措施，每一缔约方，包括其采购实体，应立即无条件地给予其他任何缔约方的货物和服务及其他任何缔约方的供应商不低于该缔约方，包括其采购实体，给予下列货物、服务和供应商的待遇”。也就是说，政府采购条款的首要原则就是要对供应商以最低国民待遇原则采取非歧视，在“中美贸易谈判开放投资准入 + 以竞争监管规范化推动市场化竞争 + 政府要保持竞争中立”三项外部条款共同作用的约束下，国有企业仅能以没有和相对更低的补贴水平参与市场化竞争。政府采购很难成为补贴的替代产品，专项性补贴政策虽然区别于禁止性补贴①，相对可沿用，但是随着“中美贸易谈判开放投资准入 + 以竞争监管规范化推动市场化竞争 + 政府要保持竞争中立”三项外部条款的共同作用，政府的倾向性支持政策将受到全方位的限制，通过政府采购和专项性补贴为国有企业提供竞争优势的政策可利用空间将越来越小。

政府采购条款也存在例外条款和过渡性措施，例外条款主要是针对公

---

① 余莹：《中国入世议定书关于国企补贴的特殊条款及其影响》，载《知识经济》2013 年第 2 期，第 5 - 6 页。

共秩序、公共安全所必需的，保护人类、动植物健康所必需的，为保护知识产权所必需的措施，以及与残疾人、慈善、囚犯、货物或服务有关的措施。过渡性措施主要针对发展中国家的优惠价格计划和补偿当地发展、改善该国国际收支账户为要求的当地供应商、技术许可、转让及投资等。政府采购条款与各规范要求条款类似，对公示、流程、时限、透明和技术等争议进行了较为清晰的规定。综合来看，政府采购条款的例外条款和过渡性措施主要是非营利性可以排除在外，如果能够被界定为发展中国家，可以采取一定的地方保护政策。值得关注的是有关知识产权保护问题也可以作为例外条款。

4. 知识产权问题与其他

关于知识产权的国民待遇原则问题也是对国有企业冲击较大的条款。知识产权条款第18.8条即国民待遇条款，明确提出“对于本章涵盖的所有类别的知识产权，每一缔约方在知识产权保护方面，给予另一缔约方国民的待遇应不低于其给予本国国民的待遇”，简而言之保护自身就要保护他人。

从知识产权条款和上述条款分析中也不难看出，国民待遇原则是多（双）边贸易协定的基本思想，贯穿于各主要条款中。从“货物到服务再到投资”全面地贯穿了国民待遇及最惠国待遇不得高于缔约国待遇，条款的具体规定对缔约国都有效。

综合来看，2008年中美贸易谈判历经数轮，中方承诺并以自由贸易试验区不断扩容的方式实质性地回应积极参与全球化的诉求和角色担当。国民待遇原则必将对中国自由贸易试验区乃至未来全境的国有企业改革产生重大的影响和倒逼助力。

二、高标准投资贸易协定中国民待遇原则对竞争监管和国资国企改革提出的四大挑战

具体来看，在中国自由贸易试验区的载体框架上，国有企业改革至少要解决四大重要问题：第一，是国有企业需要进行治理结构的市场化改革，这与国有企业的基本定义息息相关，在定义的基础上才具备参与和反馈全

球化和国民待遇原则的基本话语权；第二，国有企业要面临自由贸易试验区外资准入后的竞争中立下的市场化产业内竞争问题；第三，国有企业要面临政府采购和专项性补贴动态调整下的成本控制与产业链带动功能的输出方式调整问题；第四，国有企业在新兴产业合规经营过程中如何处理知识产权的内部保护、转移和二次使用问题。

（一）定义争议：股权改革与职业经理人制度

国民待遇原则是针对多种主体的平等对待问题，国民待遇原则针对国有企业的管制要求首先要立足在该企业是否是国有企业的基础上。针对国有企业的定义，虽然 CPTPP 进行了模糊处理，但是由于经贸规则的继承性和国际法的案例评判标准，国有企业的定义依然是行为管制和合法性处理的先决问题。在 TPP 中，国有企业的定义主要是两方面：一是政府持股是否超过了 50%。二是政府对于企业经营是否有决策和干预权。综合来看，对照我国国有企业最新的分类改革的总体思路和具体任务，关于削弱政府持股主要表现在股权改革问题；关于决策和干预权主要表现在第一是政府对企业经营的行政命令问题，第二是企业管理者的去行政化和聘任市场化改革问题。一方面，体现出我国目前国有企业改革的总体思路和具体任务是与国际经贸规则的要求相适应的；另一方面，这一相适应也决定了国有企业改革要加快推进股权改革，加速推进职业经理人制度，这一改革任务需要尽快落地。自由贸易试验区市场竞争中立下国民待遇原则运用首先要倒逼的就是国有企业的“去行政化—市场化”改革问题。从某种程度上看，如果某国有企业股权改革的政府持股低于 50% 水平，原则上根据最新的国际经贸规则，该企业不需要被监管和提供公开调查便利，如果该国有企业股权政府持股能够降低但不足以降低到 50% 以下的水平，就需要重点解决与行政分割的去行政化改革，如采取董事会决议和市场化职业经理人管理制度。值得注意的是，国有企业的党建问题是否需要采取党的绝对领导或需要以何种方式开展和表现就成为一个非常重要的议题。

（二）监管争议：自由贸易试验区外资准入与准入后竞争监管问题

竞争政策主要是针对监管争议，及针对国有企业运行的中观环境的产业政策的实际影响。按照竞争政策篇章的要求，监管上要有规范的、系统的市场化运行环境。国际上对应外资准入和准入后国民待遇的政策工具主要是负面清单制度，负面清单即“法无禁止皆可为”。当前，负面清单政策被普遍应用在发达国家行业准入和外资准入监管领域，负面清单政策及其配套监管模式已经成为跨国投资和行业准入的国际通行标准。在中国“一带一路”倡议、深化改革和全面开放的战略指引下，2013 年中国（上海）自由贸易试验区挂牌成立，上海自由贸易试验区开创式地应用了中国第一张负面清单，有 190 项特别管理措施，特别管理措施以外的外资准入由审批制改为备案制。在中国没有应用负面清单政策之前，进入中国的外资要经过 14 个政府部门审批。一个外资企业从申请到落地，平均需要 8 个月时间。这一方面限制了外资进入的积极性，另一方面又浪费了较多的政府行政资源。随着自由贸易试验区外资准入负面清单的推行和不断缩表，与负面清单政策相匹配的外资准入和行业准入的备案与审批也随着“放、管、服”改革被陆续下放到地方政府，办理外资准入的办事效率大幅度提升。2014 年，在上海自由贸易试验区内，外资企业进入自由贸易试验区，从申请到拿到营业执照，平均需要时间仅为 7 个工作日；2017 年，按照新的负面清单，外商从申请到拿到执照的最快纪录已经缩短到 1 个工作日。

在中国语境下，中国的外资准入负面清单政策始于自由贸易试验区。如果说外资准入负面清单是外资准入的始点，那么自由贸易试验区对产业和外资企业的引导式监管改革就是与之匹配的落脚点。虽然现阶段外资准入负面清单主要包括自由贸易试验区适用和全国适用两个版本，但是自由贸易试验区版外资准入负面清单相对全国版外资准入负面清单定位更高、标准更加国际化、示范作用更强。结合 2018 自由贸易试验区版负面清单来看，负面清单禁止类和限制类不断压缩，办事效率不断提升。2018 版外资准入负面清单已缩减至 48 项，外商从申请到拿到执照最快已经是“只跑一次、当场获取”，持续缩表的空间越来越小，办事的边际效率提升已近乎为零。然而，在长期跟踪调研和政府智库合作过程中，以2018版外资准入负面清单为例，虽然限制和禁止准入类已减少到48个，但由于第6条规定“《自由贸易试验区负面清单》中未列出的文化、金融等领域与行政审批、资质条件、国家安全等相关措施，按照现行规定执行”，导致在办理外资行业准入的进程中，经与各部委沟通，出现了很多准入后办理商事登记和投资项目管理仍有特殊限制的案例，实际上负面清单政策并未带来外资准入和营商效果。具体来看，笔者曾与深圳前海蛇口自贸片区深度合作，参与了2014—2018版负面清单缩表后行业准入的实践研究。在办理外资准入和营商手续的过程中，经各部委反馈的不完全统计，当前负面清单无限制但实际营商环节有限制，导致无法进入的分支行业有206个。“一线持续放开、二线管不住”导致“一线只能象征性放开”。以核能发电行业为例，虽然核能发电2018版负面清单已无限制，但由于核能发电废置材料运输必须有军队配送的监管要求导致外资企业实际无法进入。在医疗、保险和勘测等领域由于传统的事业单位、牌照资质和市场分割等原因，造成的相关问题则更多。

在准入前国民待遇和准入后国民待遇相一致的竞争政策条款内，准入后国民待遇必须要参照最惠国和最优待遇，也就是说，国有企业的特权所赋予的实质垄断和传统单位制性质、牌照资质所带来的市场分割将逐渐弱化。这对经营性领域的国有企业改革提出了严峻的外部环境挑战。准入后国民待遇与准入前国民待遇的统一带来的外部环境变革必然会倒逼国有企业追求经营效率、追求创新。国有企业必须要走上创新发展之路，对创新要素的培育和使用将成为国有企业改革的重要议题。

（三）政府采购与补贴争议：行政资源分割问题与预算软约束问题

在股权改革、经营权改革和效率改革的基础上，经营性领域的国有企业可以被视作一个独立的带有国家股权的经营实体。那么，该类国有企业提供的产品和服务的政府采购及补贴销售问题就成为一个需要重点解决和规避的问题。国民待遇原则要求国有企业不得通过行政资源获得定价歧视和市场分割特权，专项性补贴也将逐步被削减。作为一个独立的带有国家股权的经营实体，就需要面临产品和服务的差异性供给，以及预算软约束向预算硬约束转变的问题。也就是说，只有通过产品和服务的差异性供给才能够获得以往唾手可得的产品和服务销售溢价，并且预算硬约束将成为经营权改革的外部约束条件。如果说效率改革是顶线追求，那么预算硬约束则是效率改革的底线需要。这是国民待遇原则对国有企业改革提出的另一重要挑战。

（四）知识产权与新兴产业合规经营问题

综合以上分析，国有企业亟须通过改变外部战略和相应的内部治理制度来适应国民待遇原则的系统性要求。经营性国有企业被倒逼走上一条产品和服务提供的创新发展之路，那么对于产品和服务的创新就涉及知识产权的外溢和保护问题。按照具有继承性的多边贸易规则的国民待遇原则的具体要求，给予经营性国有企业产品和服务创新的保护需要同等给予外资企业，甚至是本国民营企业，那么国有企业等各种类型所有制企业的知识产权保护体系就同等地被倒逼高水平提升，国有企业等各种类型的所有制企业就需要应对来自外部的高强度的知识产权保护和争议处理。在跨境电商、服务外包等新兴产业的快速发展背景下，新兴产业需要从粗放型发展向合规经营的高质量发展过渡。也就是说，以知识产权保护为外部约束的合规经营的内部治理体制机制改革就需要前置。这将大大提升新兴业态的初创成本，新兴业态的产业格局将出现结构性变化。国有企业作为大企业和内部治理架构较为系统的企业，将在新兴产业合规经营问题上体现出责任担当，为同行业提供示范性标准，通过制度创新的外部性学习溢出，降低国内企业在新兴产业合规经营方面的总体试验性投入成本。如何将国有企业示范性的正外部性溢出在国民待遇原则下通过规则内采购进行反哺成为在股权改革、经营权改革和效率改革的基础上，经营性领域的国有企业的另一重要议题。

综上，在具有继承性的最高水平的多边贸易协定框架内，国民待遇原则作为总则对国有企业提出了系统性的改革外部约束。在国民待遇原则外部约束条件下，国有企业至少要系统解决四个改革重点：①股权改革；②经营权改革；③经营效率改革；④创新发展战略与相应的市场化制度再造改革。这四方面改革有手段、有方向、有目标，内在统一，不可分割，即以股权改革为试点、以经营权改革为抓手、以经营效率改革为目标、以创新发展战略和对产业升级与创新发展的带动性为最终考核标准，实现四个改革重点的系统集成。

实践问题与政策分析编

第五章　中国自由贸易试验区高水平开放平台的国资国企改革探索

在《中国（辽宁）自由贸易试验区总体方案》的任务导向下，辽宁自由贸易试验区在国有企业改革方面进行了重点突破，取得了一些先进经验，在全省具有示范性，复制推广。这些案例基本上代表了辽宁自由贸易试验区国有企业改革的最高水平和最新进展。本章节针对具有示范性和代表性的辽宁自由贸易试验区国有企业改革进行四个重点方面的拆解，从中分析出辽宁自由贸易试验区国资国企改革最高水平的现状、其与国民待遇原则外部约束条件的差距，对应分析自由贸易试验区国资国企改革面临亟须突破和解决的难点问题。

一、自由贸易试验区国企改革的实践探索

（一）辽宁冰山集团打造“1+2”国企混改模式

辽宁冰山集团以混合所有制改革为突破，以大力发展智能制造、构建综合服务体系为核心，开创了“1+2”冰山改革模式（以混合所有制改革为核心，以拓展智能制造、综合服务为突破），在逆势中实现质效双升，走出了一条独具特色的东北国有企业改革之路，是大连片区内企业积极落实老工业基地结构调整及推动国资国企改革任务的典型实例，对于东北老工业基地相似改革事项的企业具有指导借鉴意义。

冰山集团深化混合所有制改革，形成长效激励机制。针对国企法人治理结构不完善、决策层和经营层不分等系列问题，冰山集团早在2008年就

已率先启动第一次混合所有制改革。经过第一次混合所有制改革，冰山集团由一家国有独资公司转变为股权多元化的中外合资企业，经营管理层持股比例达到10%，形成了事业和利益共同体，经营管理效率大幅提升。

第一次混合所有制改革使得企业活力显著增强，但规范有效的公司法人治理结构还未完全形成，职业经理人团队在股权结构中的撬动作用还未充分发挥。随着企业的发展壮大和业务拓展，许多新的问题开始显现。在中共大连市委市政府及国资委的大力支持下，冰山集团启动第二次混合所有制改革，进一步扩大了经营团队（包括研发、管理人员和业务骨干）的持股范围和持股比率（如图5.1所示）。经营团队以现金方式增持股份达到占比20.2%，持股范围由原46人增至163人，委派集团董事由1人增至2人，形成了企业内部激励与约束的长效机制，改革成效显著，具有良好的示范效应。此次混改是冰山集团混合所有制改革的2.0版，为冰山集团实现从改革量变到改革质变的跨越准备了条件。

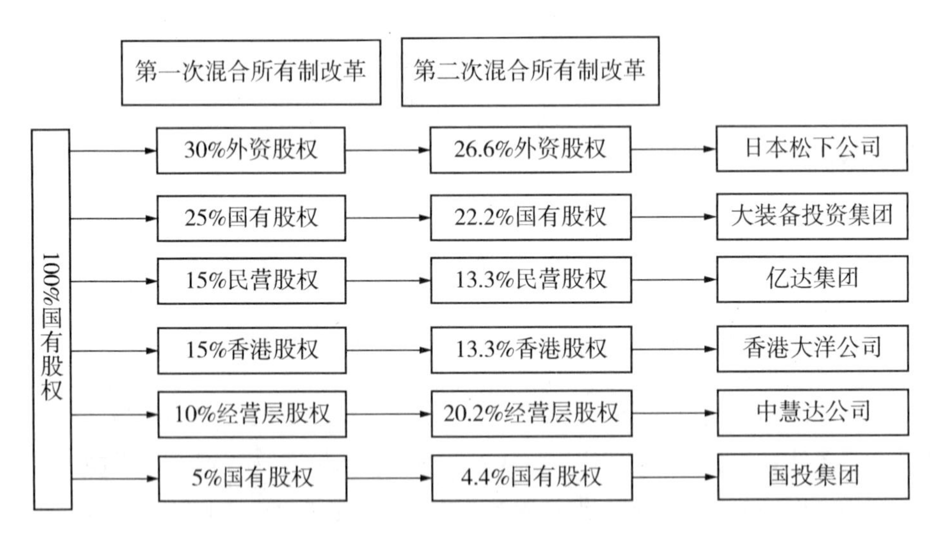

图5.1　冰山集团二次混合所有制改革股权结构

在国有股权降低到50%以下的同时，实现经营权向职业经理人转移。以经营权的专业化改造实现经营战略的创新式发展和二次创业。根据《中国（辽宁）自由贸易试验区总体方案》和《中国制造2025辽宁行动纲要》

中老工业基地产业转型升级要求，冰山集团借助整体搬迁至辽宁自由贸易试验区大连片区的机遇，紧扣辽宁自由贸易试验区功能定位，及时调整产业结构，加快工业化与信息化深度融合，发挥智能制造示范作用。依托智能制造和绿色制造，冰山集团不仅实现主体产业的全面升级，同时聚合创新资源，推进创新创业。依托智能制造改造传统产业，实现制造设备更新、设计制造软件升级和产品升级换代同步匹配，关键核心设备更新投资近3亿元，软件升级投资近5000万元。通过制订产品技术路线图和制造升级改造规划方案，全面对接客户大规模非标定制化的需求。同时，增资扩建了国际领先的智能自动售货机的智能制造工厂，并以冰山装备制造和商品制造的两个智能制造工厂为样本，推进全集团的转型升级，通过智能生产、智慧服务，助力集团整体转型升级。依托绿色制造，打造冷热装备的智能制造示范基地，打造绿色工厂，开展绿色制造。依靠智能制造技术和信息技术等综合因素，全面规划生产、物流、工艺、库存等业务流程，提升工厂的运行效率，进行产业优化和升级，优化制造流程，应用绿色低碳技术建设厂房，集约利用厂区。2017年，冰山集团及出资企业陆续出台双创管理制度，打造自主研发、智能制造和工程服务等创新创业平台，以更新的体制和机制促进创新创业。

（二）大连港推进企业混合所有制改革主动服务“一带一路”建设

大连港集团拥有大连港百年历史品牌的港航国有企业，是中国北方面向太平洋、走向世界的海上门户，拥有集装箱、原油、成品油、散矿、粮食、煤炭、滚装等现代化专业泊位100多个，万吨级以上泊位70多个。集装箱码头可靠泊3E级1.8万TEU集装箱船舶，内外贸集装箱班轮航线100多条，航线网络覆盖国内外100多个港口，是东北地区最大的集装箱枢纽港，外贸集装箱吞吐量占东北口岸的97%。

2017年4月，中国（辽宁）自由贸易试验区大连片区正式挂牌。大连片区管委会在中共大连市委市政府的支持下，主动协调国家和省、市等监管部门，积极支持大连港集团贯彻落实国家《关于深化国有企业改革的指导意见》，一方面，以股权投资和股权整合为主要突破方向，以主动服务国家“一带一路”建设、积极投资吉布提自由贸易试验区；另一方面，通过市场化模式在全国首家完成集装箱码头股权整合为主线，积极推进国有企业混合所有制改革和国有资本管理改革创新，探索形成“内外联动”“市场化模式”的东北国有企业改革路径。

在股权改革的基础上，主动服务国家“一带一路”建设，积极投入吉布提国际自由贸易试验区的开发、建设、管理和运营。充分利用吉布提港区优越的区位优势和广阔的经济腹地，打造服务国家“一带一路”建设的丝路驿站。大连港集团以建设吉布提国际自由贸易试验区为主要平台，利用整合招商局集团内外部资源，强化自由贸易试验区硬环境建设和软环境建设，以2.4平方千米起步区为重点，探索建成丝路驿站的成功试点。丝路驿站提供七大核心功能，全面涵盖中国企业“走出去”涉及的营销、物流、通关、支付、金融、加工制造、商务等服务，促进我国优势产能输出，构建中国国际贸易新规则。丝路驿站还将协助当地政府完善供水、供电、供气、通信、道路桥梁等公共配套基础设施建设和运营，以及当地政策指导、口岸通关等公共服务。

以股权投资为抓手，加快推进国有企业“走出去”和“21世纪海上丝绸之路”西线区域节点建设。在中吉两国政府的支持下，大连港集团联合招商局集团在前期沟通协商的基础上，先后与吉布提港口及自由贸易试验区管理局签署《吉布提自由贸易试验区项目合作框架协议》《吉布提自由贸易试验区项目投资协议关键条款协议》和吉布提自由贸易试验区项目投资协议、吉布提自由贸易试验区项目股东协议。在全球供应链加速调整和中国“一带一路”倡议逐步推进的背景下，大连港集团通过股权投资参与吉布提国际自由贸易试验区建设，有助于整合吉布提港口及港口腹地的物流集群，大幅降低港口物流和时间成本，将吉布提建设成为东非乃至整个非洲的货物集散中心、“21世纪海上丝绸之路”西线和全球跨国公司供应链的重要区域节点。

加快推进自贸园区建设进度，做好风险防控和政策沟通工作。按照园区规划建设目标，吉布提国际自由贸易试验区园区总面积48.2平方千米，按照“统一规划、集中管理、协同开发、分期实施”的原则进行开发和运营。一期建设项目6平方千米，先期开工建设的一期工程起步区2.4平方千米，包括商贸物流园区、出口加工区和商业辅助区，产业定位以商贸、物流、轻加工产业为主，吸引物流、贸易、汽车、机械、建材、海产加工、食品加工等中国企业入园设厂。2018 年 7 月 5 日，吉布提国际自由贸易试验区园区正式开园，园区基础设计和保税仓库等已经投入使用，有望尽快形成资源集聚效应，取得良好经济效益和社会效益。与此同时，吉布提国内人口规模较小，总人口约 99 万人，其中首都人口 65 万人，内陆人口稀少，宗教信仰具有显著差异，且腹地经济有赖于与其他邻国维持良好关系。此外，东非国家政治具有显著人格化特征，政策安排和设计往往具有政治人物个人风格。对此，大连港集团已经开展前瞻性宏观政策研究，并依靠国家有关部门积极开展与相邻国家的经贸政策沟通，提前做好自由贸易试验区建设项目的风险防控预案工作。

（三）中粮集团北良公司不断深化体制机制改革，激发企业创新发展的内生动力

北良公司是国家现代粮食物流龙头企业，拥有世界最大、功能先进的专业粮食港口及完善配套物流设施。北良港是国家北粮南运和东北地区外贸进口粮食主要中转港，是国家最大的粮食储备基地之一，是大连商品交易所期货玉米的主要交割库，在国内率先建设国家“进口粮食示范港”。北良公司 2013 年并入中粮集团后，港口物流业务得到中粮集团强大的贸易业务和产区收储设施支持，物流体系得以健全和增强，发展空间显著扩大。

2017 年 3 月，辽宁自由贸易试验区设立以来，北良公司借助老工业基地国企改革契机，不断推进经营管理体制机制改革，激发企业创新发展的内生动力。紧扣辽宁自由贸易试验区深化国资国企改革的功能定位，按照国企改革相关要求，北良公司不断深化体制机制改革，充分发挥在引领改革发展和创新体制机制方面的试验示范作用，有效激发企业创新发展的内生动力。

积极推进供给侧改革。2017 年完成 5 家“僵尸企业”清理处置，通过机构重组、业务剥离、岗位三定等多种途径，分流人员 205 人，助力企业瘦身健体、轻装上阵。公司对于港口作业设施、餐饮绿化物业等后勤服务相继完成社会化改革，在减员的同时也大大降低了企业的管理费用。

开展组织架构整合优化。根据企业内外部形势，不断整合优化公司架

构，使之更加精简高效。开展专项职能的梳理调整，以实现“优势集中、管理归口”。

优化人才选拔机制。与机构调整同步，通过竞聘选拔任用人才，为公司经营发展提供人才保障。仅2017年就通过竞聘方式新任用中层和基层经理人48人，占全部经理人的40%以上。

考核激励机制不断完善。强化对各经营单位应收账款考核，完善薪酬结构和考核激励办法，将月度薪酬与当月绩效挂钩，调动广大员工生产经营积极性。

以科学方法助力管理提升。借鉴国外先进管理经验，全面实施运用5S和标杆管理工具，将标杆管理全面应用到企业生产经营各方面，提升企业管理水平，员工素质进一步提升，港区管理更加规范，为企业未来经营带来持续效益。2017年，实现直接经济效益750多万元，当期收益1400多万元，为公司扭亏增盈做出重要贡献。

二、四大挑战方面潜在的主要问题

（一）股权改革与两权问题方面

虽然辽宁冰山集团在股权改革和创新发展层面成效斐然，但是其两权分离改革相对不到位，职业经理人并未发挥出对决策的决定性影响，辽宁冰山集团在规范法人治理结构的基础上，明确的党委会、董事会和经营层职责定位与工作规则中，公司经营层与党委会的多维度重叠，会被境外媒体赋予内部党委对公司经营有控制权的误解。在党委会的领导下能够发挥意识形态和社会主义优越性，提升员工的干劲和全局意识，但是经营层的多维度重叠会带来决策机制层面政府主导的实质担忧，也在TPP及CPTPP国有企业条款框架内，带来不必要的干扰，而且在全省复制推广的材料里明确提出“利用自由贸易试验区的政策优势，打造工业互联网平台”，在实际工作中，一方面是并未与自由贸易试验区政策的制定方形成某种利益关系，另一方面是其利用的自由贸易试验区政策优势也是境外企业可以依托的政策优势，推广材料会产生利用政策供给实现业务拓展的歧义。应当以自由贸易试验区开放和国际营商环境建设优势为“利用”。

（二）准入与竞争效率方面

不论是从案例还是从宏观感受上看，目前辽宁自由贸易试验区由于在准入后国民待遇原则方面和营商环境建设方面的工作开展相对国内其他自由贸易试验片区较为滞后。从外资准入、外资营商到产业促进这一环节并未形成对本地国有企业竞争效率的开放倒逼。辽宁自由贸易试验区国有企业改革还未上升到规范竞争监管、促进产业效率提升和国有企业经营效率提升的层面。国有企业经营效率的提升其实与开放环境并未形成竞争倒逼的直接关系。以中粮集团北良公司为例，虽然北良公司进行了经营权和管理层的聘用制改革，但是这些改革目前仅仅是新业务的拓展，未带来对效率改革的促进。

（三）知识产权与新兴产业合规经营方面

作为辽宁自由贸易试验区仅有的三个示范性案例，大连港推进企业混合所有制改革主动服务“一带一路”建设案例对于东北老工业基地振兴和创新发展战略实际上没有形成任何回应。仅仅是一个对外投资项目的应用，是否有自由贸易试验区的平台与该标志性案例几乎不存在必然的关联性。从国民待遇原则与辽宁自由贸易试验区总体方案出发，大连港参与“一带一路”项目成立的新公司甚至都与国有企业改革没有实质关系。不仅对于新兴产业发展没有实质性的国企改革的示范意义，对国有企业对外投资也没有实质的示范意义。现阶段，辽宁自由贸易试验区国资国企改革与创新发展相去甚远，跟国民待遇原则下辽宁自由贸易试验区总体方案的国资国企改革要求显著不相关。在以国资国企改革促进创新发展战略的路线上，还有太多的工作需要做。

（四）采购与补贴的市场化制度再造方面

目前，辽宁自由贸易试验区国资国企改革与自由贸易试验区开放环境下国民待遇原则的倒逼，甚至与辽宁自由贸易试验区总体方案关于国资国企改革的创新驱动需求并不完全相关。辽宁自由贸易试验区国资国企改革在缺乏外部竞争导入和对创新战略引领老工业基地发展顶层设计存在偏误的情况下，几乎涉及不到采购与补贴的市场化制度再造的探索需求。

（五）问题总结

国资国企改革是《中国（辽宁）自由贸易试验区总体方案》的特色任务，承载着为东北振兴在政策方面先行先试的重任。新时期在自由贸易试验区承载全面开放示范的诉求下，本章分析了最新投资贸易规则中国民待遇原则的重要组成，研究发现：在具有继承性的最高水平的多边贸易协定框架内，国民待遇原则作为总则对国有企业提出了需系统性地改革外部约束。在《中国（辽宁）自由贸易试验区总体方案》国资国企改革思路总体指引和国民待遇原则的外部约束综合条件下，自由贸易试验区国资国企改革至少要系统解决四个重点改革任务：①股权改革；②经营权改革；③经营效率改革；④创新发展战略与相应的市场化制度再造改革。这四方面改革有手段、有方向、有目标，内在统一，不可分割，即以股权改革为试点、以经营权改革为抓手、以经营效率改革为目标、以创新发展战略和对产业升级与创新发展的带动性为最终考核标准，实现四个改革重点的系统集成。

在深化国资国企改革、推动老工业基地结构调整方面，辽宁自由贸易试验区沈阳机床集团形成了国有企业以“内创业”方式完成了国企员工向创业者身份的转换，已在沈阳片区孵化小微企业6家，实现生产效率提升70%，年产值提升76%，员工收入提升177%，设备总投入减少56%。辽宁自由贸易试验区沈阳东药集团在混合所有制改革中，通过管理层和骨干员工持股方式，创造共享式激励机制，推动国有企业在决策机制、运营模式、管理体系方面的深刻变革，充分激发了企业内生动力，实现了集团公司的较快发展。但是，大量的具有示范性的辽宁自由贸易试验区复制推广案例中都存在着四个改革重点相分离，或以国企改革本职任务僵化贴上自由贸易试验区改革标签的情况。更有甚者，仅凭字面理解将股权改革强行植入自由贸易试验区国有企业改革示范性案例。有一些业务属于投资业务，甚至在传统业务的基础上是否能够具有盈利都不确定的情况下，作为自由贸易试验区国资国企改革案例。在辽宁自由贸易试验区即将进入第二个三年，总体方案面临深化升级，自由贸易试验区面临全面开放示范升级的综合背景下，先行工作的深水改革试验严重不足，表面工作不足以支撑找到新问题和积淀新探索。

总体而言，辽宁自由贸易试验区国资国企改革的方向很明确、问题很严肃。具体工作开展与中央的明确要求不一致。可能的原因主要是下面两方面：

1. 自贸区国资国企改革对口省份和其下辖各片区的主要领导要提升对自由贸易试验区改革的重视程度和认识深度

在中央政治局学习、中央深改组会议和习近平同志多次讲话中，自由贸易试验区工作都是上升到国家战略层面的工作，自由贸易试验区是深化改革的试验田，是新形势下全面开放压力测试的先行地。自贸区国资国企改革对口省份省社科、社科联等宣传机构直属的智库部门在课题发布中都将自由贸易试验区研究列在“一带五基地”之后，甚至更列在省内区域平衡发展战略等区域重点规划之后，这仅仅是从一个侧面对省市领导不重视深化改革工作的缩影。《中国（辽宁）自由贸易试验区总体方案》关于国资国企改革的要求很明确，是东北振兴的重要组成部分，是与产业发展和创新升级相关联的内容，从示范性案例断章取义的结果上看，自贸区国资国企改革对口省份省委、省政府、各片区的负责同志要提高对自由贸易试验区改革的重视程度和认识深度，要开展深学习、大调研，狠抓深化改革工作，与党中央和党的历史使命相看齐。

2. 自贸区国资国企改革对口省份各片区自贸办和国有资产监管部门要提高认识、提高材料整理的针对性

按照顶层设计，省自贸办主要是负责协调工作，各片区自贸办和片区管委会承担了改革的联系和具体攻关工作。课题组利用资料获取便利获取了一些自由贸易试验区的国资国企改革标杆案例，大量标杆案例都存在四个重点不统一甚至材料脱离自由贸易试验区深化改革和创新发展的内在要求。综合考虑到基层多次组织学习自由贸易试验区总体方案和其他省市经验，对基层工作也理解得比较深入，“文不对题”的原因更可能是各片区自贸办，尤其是各地国有资产监管部门不重视，将日常工作僵化植入自由贸易试验区国资国企改革，将部门内部的工作汇报文件不经过针对性整理，直接交给自贸办和片区管委会。各片区自贸办和国有资产监管部门要提高认识，一方面要提高材料整理的针对性，另一方面要加强自由贸易试验区国资国企改革专项监管和推进工作，东北老工业基地的振兴要靠国资国企改革的活力激发和创新引领，要“文能对题”，更要“有文可对题”。

第六章 中国发展道路下国资国企改革的基本原则

国外有些学者认为中国的国有经济是国家资本主义，否认其社会主义性质。因此，我们有必要不仅在理论上说清国有企业全民所有的性质，而且也要在实践上搞清在市场经济条件下国有企业如何体现其全民所有制的性质。在过去的计划经济体制下，由于国有企业的利润全部上缴，由国家统负盈亏，统一在全民中分配，企业没有自身的独立利益，国有企业职工和管理者的工资水平也由国家统一规定，在全国范围内没有多大差别，直接体现了国有企业的全民所有性质。目前，在社会主义市场经济条件下，经过改革，国有企业成为自负盈亏的市场竞争主体，有了独立的经济利益，国有企业的全民所有性质已经很难全面彻底地直接体现了。因此，探讨国有企业在市场经济条件下如何体现全民所有制的性质，成为今后国有企业深化改革要解决的一个重要理论和实践问题。

首先，在国民收入的初次分配中既要体现国有企业作为市场主体的独立利益，又要体现国有企业的全民性质。国有企业经过改革建立现代企业制度以后，成为国有独资或国有控股公司，享有对企业法人财产的独立支配权，国家不再对其负无限责任，它要自负盈亏，因此有了自身的独立利益。这种独立的利益通过与投资者（股东）分享企业和经营收益来实现。即企业可以将一部分利润留在企业，其中一部分作为积累用以扩大再生产，其所有权仍归国家；另一部分用作奖金或提高职工福利。这是国有企业作为市场主体的独立利益。而国家代表全民对投入企业的国有资产享有所有权，对企业的利润享有索取权，企业要将一部分利润上交国家，由国家在全民中进行再分配，这是国有企业全民所有制性质的体现。

其次，在国民收入的初次分配中，国有企业职工和管理者报酬的确定要贯彻“按劳分配”和共同富裕的原则，效率和公平要兼顾，允许存在差别，但差别不宜过大，这是国有企业全民所有性质在单个企业内部分配中的体现。

再次，国家对国有企业上缴利润再分配，要根据全民的需要，按照公平、公正、透明的原则惠及全民，这是国有企业全民所有制性质的整体体现。

最后，如何抵制腐败，如何在国有企业的发展抉择过程中体现出国有企业的全民所有制性质也是探究国有企业全民所有制性质的重大现实问题。总的来说，国有企业的全民所有制性质要通过国有资本投资决策、国有企业的运营监管、国民收入的初次分配和再分配等方面来体现。

一、规范、统一的国有企业全民决策及利润分配平台与中国发展道路

中国发展道路与传统西方国家的发展道路不同，其中，中国发展道路的经济方面被很多学者概括为中国经济模式。总的来说，中国经济模式与中国经济的高速发展是分不开的，但是，中国经济的高速发展甩开了中国居民的收入增长和国内消费。为什么中国居民的收入增长速度总是慢于GDP的增速？为什么普通人能够感受的经济增长没有官方公布的GDP增速那么高？为什么中国经济很难向消费驱动的模式转型，而只能够继续依赖投资、依赖出口？在2012年达沃斯全球经济论坛上，许多经济学家都建议中国再一次进行大规模的基础设施投资。然而，以往经验证实了由此而来的问题十分突出，居民收入增速的滞后直接导致了居民消费水平的滞后，如果居民消费水平较高，其首先想到的就是改善自己的生活，包括消费品和生活服务，由此产生的需求结构会更侧重消费品和民生服务品。[①] 然而，事实上，我国政府通过房地产产业和汽车产业拉动GDP增长和消费增长，成果是喜人的，但后果是严重的。

---

① 陈志武：《中国经济模式转型的挑战》，载《经济观察报》2009年7月6日，第41版。

房地产产业和汽车产业的发展对周边行业或产业的拉动确实惊人，对民生也有一定的改善作用，但房地产和汽车相对消费品和生活服务，价格过高，占据了居民可支配收入的大部分，这在一定程度上降低了居民对日常消费品和生活服务的购买力。当然，居民对于房地产和汽车的消费如何能够拉动经济增长，从而再反馈居民，消费也是能够得到保障的，但是经济增长产生的大部分财富被国有经济和国家主导型经济大量转移投资到重工业或基础设施领域，居民又很难从重工业或基础设施领域增长中直接获得稳定收益；并且，由于经济增长产生的大量财富被国有经济和国家主导型经济所支配并不断再投资，这致使居民没有稳定可控的资产性收入，居民预期良好的收入来源只有劳动性收入。在收入预期相对不佳的状况下，居民的生活和服务消费被抑制，中国经济很难向消费驱动的模式转型，民生改善明显滞后于经济增长。

对此，最核心的问题是如何提高居民收入，如何将国有经济的发展反馈到民生领域。有人建议，建立国民权益基金，将国有资本注入国民权益基金，再将其平均分配到每个公民身上，这看似是“真正的全民所有制”，但是只要国民权益基金能够流转，难免出现分配不公和严重的两极分化。国民权益基金或者国有资产的全民平均化也许是可行的，但是在法权上绝对不准许所有权私有化和转让。新国民的诞生和老国民的去世是动态的，如果国民权益基金或者国有资产的全民平均化具有所有权，那么所有权在下一个时间点上无法收回实现再分配，无法真正保证平均。也就是说，国有经济的全民平均化只能是收益分配和使用上的全民平均化和决策全民化。通过资本市场和现代金融体系完成此任务，在技术方面并不是完全不可行的。当居民收入能够与经济增长同步，居民的消费性支出就能够得到保障，并且收入的稳定也能够稳定居民的私人投资，这也有利于资本市场的健康发展。在此基础上，国有经济的发展壮大真正地反馈于民并能够得到全民的支持。全民支持的公有制才是有意义的，这必将为公有制、国有经济与市场经济的相融合注入更强的生命力。但为此，必须首先处理好三个方面的问题：第一，国有企业作为市场主体的独立利益；第二，国有企业的利润上缴如何实现民享和民众决策；第三，坚决抵制腐败。

二、国有企业作为市场主体的独立利益与国有企业的全民性质

总的来说，公有制、国有经济的存在有其必要性。在公有制、国有经济与市场经济相融合的过程中，发挥和放大这种必要性才是大力发展国有企业的根基和缘由。为此，本文需要进一步探讨国有企业作为市场主体的独立利益与国有企业全民所有制性质的实现的双重目标问题。在传统的西化思维范式内，国有企业的经营只是为了弥补市场失灵、发展战略产业等目的。然而，在我国，国有企业作为公有制的实现形式之一，体现着公有制经济的决定性力量。[①] 并且，我国的国有企业数量之多也决定了国有企业必须成为社会主义国家财政“一体两翼”格局中的重要组成部分。[②] 从这里不难看出，国有企业作为市场主体对于独立利益的追求与国有企业的全民所有制性质实现有所冲突，想要解决这个冲突，先要解决好两个问题：第一，国有企业关于市场失灵的弥补、战略新兴产业的投入和公共利益的实现等行为应当被给予适当的激励，从而使得其行为与收益对等并符合市场规律[③]；第二，国有企业作为公有制的实现形式、全民所有的经营代表，如何在总体盈利中划分股东权益与经营者收益。

针对第一个问题，笔者认为，国有企业关于市场失灵的弥补、战略新兴产业的投入和公共利益的实现等行为的激励约束应当首先基于公平公正、反馈明晰的制度平台。首先，对待实现资源有效配置问题。公平公正、反馈明晰的制度平台有利于获得信息的成本降低。其次，针对信息的有效利用。建设公平公正、反馈明晰的制度平台的直接目的就是有效利用信息。公平公正、反馈明晰能够保证参与者对于信息认知的统一。同时，信息的有效利用不仅是获得完全信息的问题，更重要的是对于交易信息的可利用

---

① 金碚：《三论国有企业是特殊的企业》，载《中国工业经济》1997 年第 7 期，第 5 – 9 页。

② 邓子基：《对国家财政“一体两翼”基本框架的再认识》，载《当代财经》2003 年第 9 期，第 23 – 27 页。

③ 这里提及的符合市场规律就是符合价格机制的约束，具体来说，就是在激励过程中适度融入竞争，并尽量阻止官僚资本与商业资本的结合，降低其所产生的壁垒。

程度，即完全信息确实有利于交易的展开。因此，交易壁垒、歧视必须被打破，这就是公平公正为首的重要性。为了保证公平公正和对公平公正的监督，反馈明晰的制度平台就尤为重要。只有反馈明晰了，市场参与人（企业、消费者和政府）的意见才能够得到充分表达。信息只有实现了对交易的影响才能算是具有利用率。然而，对于交易壁垒、歧视的打破，首先要解决市场参与人（尤其是企业）同等对待问题。国有经济确有其特殊性，国有企业在实现国有经济功能层面应当被提供补贴，但是，在此过程中应当引入竞争，以促进效率的提高。在制度层面，如果歧视存在，那么市场参与人就有机会利用制度歧视获得更多的额外收益。为了降低交易壁垒、减少交易歧视，公平公正、反馈明晰的激励约束平台是必要的，并且，基于此，引入民营企业参与弥补市场失灵、发展战略新兴产业和实现公共利益等行为，对符合市场规律的为国有企业关于市场失灵的弥补、战略新兴产业的投入和公共利益的实现等行为提供激励是十分重要的。再次，对待激励兼容问题，激励兼容中激励约束固然重要，但是更重要的是被激励约束的个体的主动性，即市场经济的主体性。在引入民营企业为国民经济发展做贡献的过程中，要循序渐进，应遵循以下原则：第一，公正性。若要建立切实有效的激励约束政策，必先建立公平、公正、透明的竞争平台。只有基于消息透明、反馈良好的激励约束平台，良性竞争的引入才是有效的。第二，自愿性。民营企业进入国有经济功能实现领域必须坚持自愿性原则。在消息透明、良好反馈的激励约束平台的基础上，让民营企业自愿选择，才能够更加有效地反映国有经济功能实现领域的成本收益，以实现政策制定的有效反馈和及时调整。第三，监管性。在公正平台和自愿参加的基础上，政府应发挥国有企业优势，以国有企业为根本有利引导民营企业参与国有经济功能的实现，加强行为与质量的监督和监控。并且，在金融领域和舆论导向方面提高对民营企业发展的重视程度是十分重要的，通过民营企业协会的建立和完善，推动民营企业的健康发展。总的来说，民营企业的引入有利于国有企业在国有经济功能实现层面激励约束的市场化和规范化，使得其行为与收益对等并符合市场规律，并且，民营企业的壮大有利于国有企业的发展和社会福利的整体提高。

针对第二个问题，笔者认为，职业经理人和相应的人事制度改革对于国有企业总体盈利中股东权益的划分与经营者收益的确定等问题和国有企业进一步的深化改革都是十分必要的。当前，很多央企和地方大中型国有企业都存在着企业管理者的干部化问题，这直接导致了官僚资本与商业资本的结合。这种组合会形成强大的壁垒，不但阻碍了商业资本的健康发展，更阻碍了企业管理和薪酬的市场化。国有企业改革经历了30多个春秋，但人事制度改革依然相对落后。当官僚资本与商业资本相结合，不但会促成商业资本的高壁垒和局部垄断，更会导致官僚资本的腐败。这里必须指出，不好的制度会导致人被诱导犯错，而本书提及的不好的制度与社会的性质无关。为了社会主义公有制的发展需要，必须严厉打击腐败，而打击腐败的重点不应该只是针对个人或群体，更应该是针对形成腐败的制度。改革国有企业人事制度，去干部化、引入职业经理人市场就是打击国有企业腐败问题的关键。国有企业管理者的职业经理人化与去干部化并不是对干部群体的排外，某些志向从商的干部可以应聘相应的岗位，但是国有企业的管理岗位应当去行政化、去干部化。然而，这些改革的前提是，必须存在一个可供选择且运转良好的职业经理人市场。因此，建立职业经理人市场是当前工作的重点，国有企业人事制度改革必须基于职业经理人市场的建立。建立职业经理人市场，必须做好三项工作：第一，配合世界范围内招聘的动态考核制度，有招聘就要有选择，而面对选择就要有考核。但考核应当是动态的，董事会对于职业经理人的动态考核制度是需要被关注的。第二，职业经理人的薪资机制。职业经理人的薪资不应当是固定的，且不应当有过高的保底工资，职业经理人的薪资应当更加偏重于股权激励，而在股权激励中职业经理人应当占有股权比例的分红回报，而非真实股权。因为国有企业的股权应当属人民所有，不能轻易地划分给个人，但是，跟股权挂钩的企业经营的按股权比例分红是应当被提供的。传统的股权激励多为占股和期权，而占股和期权都是为了让经营者与所有者有同质的利益诉求，按股权比例分红也可以做到这一点，并且按股权比例分红可以有效地杜绝国有企业的廉价私有化。第三，西方职业经理人的“金降落伞”制度不应当全面继承，但是职业经理人的保障应当被关注。西方“金降落伞”制度的缘由在于为职业经理人专项积累提供补偿。在我国，如果规范、统一的国有企业全民决策及利润分配平台能够被建立，社会福利的大幅度提高是可预见的，那么职业经理人的保障自然会纳入社会福利的相关范畴。虽然具体的处理方法并不可知，但笔者认为，将职业经理人的“金降落伞”制度与国有企业利润分配的社会福利相挂钩，并寻求出中国国有企业职业经理人的类“金降落伞”制度是可行的。

基于职业经理人市场的形成和完善，国有企业董事会可以通过职业经理人市场，将国有企业人事薪酬市场化、明晰化，这不但明晰了企业的人力成本，更应当借此机会，明晰管理成本，使得人力成本和管理成本双量化，从而解决国有企业总体盈利中股东权益的划分与经营者收益的确定问题。国有企业国有经济功能实现的激励量化和国有企业总体盈利中股东权益的划分与经营者收益的确定是解决国有企业作为市场主体对于独立利益的追求与国有企业的全民所有制性质实现的冲突的关键。虽然改革的具体实践还要走得很远、很艰辛，具体问题尚需要具体处理，但是总的方向应当坚持，并且在社会科学及认知不断发展的过程中，不断调节、与时俱进，从而使得国有企业完成其历史使命。

三、国有企业利润的上缴、“按劳分配”与共同富裕

从当前情况来看，国有企业全民所有制性质的实现或者说国有企业发展的民享问题都落脚于国有企业的利润上缴。然而，国有企业的利润上缴属于二次分配问题，二次分配应当落脚于公平与共同富裕，而初次分配应当重视效率。除了市场化的引入，更应当注意的是在初次分配过程中的“按劳分配”。前面笔者着重讨论了职业经理人与人事薪资制度改革，但并未提及普通员工的薪资问题。普通员工的薪资应当基于人事薪资制度改革和市场化改革，从而保证薪资的透明化和规范化。但是，“按劳分配”也应当是原则之一。在官僚资本与商业资本的融合过程中，高壁垒的形成会导致垄断或局部垄断，某些部门的普通员工工资可能远远超越其劳动量，并且，薪资可能以各种福利方式发放。同时，在另外一些部门存在着工资极低，甚至不够补偿基本生活支出的情况。这既不符合市场化、人性化，也不符合国有企业的基本社会责任。总的来说，无工作差异和缺少专业等个体素质壁垒的某些岗位既不应该获得极高的薪资也不应该获得极低的薪资，

这与共同富裕和按劳分配都相违背。国有企业的员工工资应当以所在行业的同业工资为基础，并适度按照企业效益或个人效率评定给予浮动调整。但是，市场化的引入难免存在这样那样的问题，在垄断、外部性和信息不对称存在的情况下，浮动难免过大。浮动过高的调整可以逐步完成，但浮动过低的改善较为迫切。对此，国有企业发展的民享（即国有企业二次分配的利润上缴）和相应的社会福利建设可以缓解这一问题。但是，过低的市场化薪资和国有企业发展的民享都无法绕开经营低效的国有企业。并且，国有企业的利润上缴如何分配、如何反馈于民也是必须面对的问题。

首先，对于经营低效的国有企业，要辨识其经营低效的原因。经营低效的原因基本可以分为以下三方面：第一，夕阳的行业、落后的技术、落后的管理导致的经营不善；第二，朝阳的行业，相对技术积淀的不足、发展的不成熟导致的短期效益不显著；第三，过于专注国有经济功能实现的国有企业，无法获得量化的经营成绩。总的来说，引入民营企业有利于国有企业在国有经济功能实现层面激励约束的市场化和规范化，使得其行为与收益对等并符合市场规律，就可以使得国有企业国有经济功能实现层面的绩效被量化，并且战略性的新兴产业的投资也可以被量化。但是，问题的解决并不绝对，量化的过程更加重要，量化会逐步弥补信息的不对称，并利于将外部性内部化。然而，对于这三方面的经营低效，尤其是针对夕阳行业、落后技术和落后管理导致的经营低效，国有企业的“进入”“退出”机制是必要的。总的来说，基于制度保障的确立，国有企业的“进入”“退出”机制也就成为公有制、国有经济与市场经济相融合的关键。国有经济的存在能够弥补市场失灵，市场经济的引入能够提高市场竞争主体的积极性，这是互补的，并不是单向的国有经济民营化或民营经济国有化。更进一步地说，探索我国国有企业的“进入”“退出”机制，就是基于公平公正、反馈明晰的制度平台，逐步壮大民营企业，探索国有经济民营化的途径，并通过健全国有经济运行，大力发展我国国有经济达到国有经济、民营经济和社会福利的和谐发展。只要我国的民营企业和民营资本得到充足的发展，某些国有企业的经营效率低下和效率低下国有企业的“进”“退”问题自然会得到解决。市场经济的核心在于价格机制，而价格机制的调配则是一种自组织的平衡，任何一方过快地发展或者过度地发展都会留下弊病。只有市场经济中的各方博弈存在均衡，价格机制的调配才是更加有效的。

其次，针对国有企业的利润上缴如何分配、如何反馈于民的问题。大规模的基础投资在当前来看，作为拉动经济的重要组成部分还是有必要的，并且大规模的基础投资确实有利于民生，或在长期来看有利于中国的经济和社会发展。但是，从大规模的基础投资向民生、民享过渡应当成为趋势。并且，大规模的基础投资更加容易滋生腐败，民生、民享的不足不只是降低了消费对于经济拉动的作用，更加降低了民众参与经济建设的主导性，而民众参与经济建设主导性的降低直接导致了民权的不足，这对于抵制腐败和社会和谐都是不利的。而此时，随着经济总量的提高，使得经济发展反馈于民，让民众真正体会到经济发展带来的消费能力的提高已经是时候了。国有企业与民营企业争利是有理由的，但争利应当是为人民而争。将发展所得完全用于再投资等于忽略一个时代人民的利益，这是不人道也是说不通的，人民降低自己的福利为了给后代奠定更好的基础应当是自己的选择，而非政府的选择。国有企业利润上缴的如何分配和如何反馈于民的问题不只是经济发展方式的问题，更是民权问题。只有民权得到保障，社会才能够和谐，政府执政基础才能更加巩固。并且，在国有企业利润上缴和利润上缴反馈于民的过程中，应当尽量避免官僚化的引入，现代金融体系是可以被利用的，或者说现代技术与现代社会科学认知都是可以被利用的。尽量避免在这一过程中引入官僚化，可以有效降低腐败，降低反馈过程的成本损耗，使得民众消费可以切实得到提高，更大程度地通过消费拉动经济增长，使得消费、投资相互协调。这不但是经济增长反馈于民，更是经济增长畸形的矫正，更利于中国经济的长远发展、中国社会的进步和中华文明的伟大复兴。

四、坚决抵制腐败与发展抉择

在市场经济自身的问题和国有企业存在的必要性分析的基础上，必须面对的不仅是市场经济自身的问题，国有企业自身也存在着问题，而问题中最核心的就是腐败。腐败不只是利用个人职权的直接贪腐，更是资源配置的官僚化。如果资源配置的官僚化被市场经济或商业资本腐蚀，就会为商业资本提供保护。此时，垄断或者局部垄断的形成并不是因为规模经济，而是因为个人贪腐，这是绝对低效的。并且，国有企业的重大发展的抉择应当属于所有者，也就是属于民众；包括对于管理者的监督，不应当只由政府负责，更广泛的监督模式应当被探索。当管理者管理的财产不是自己的时，管理者就可能利用职权为自己谋利。现代企业的激励约束机制对这些问题已有关注，但是在我国，国有企业去行政化不足，依然是政府干部在管理企业，政府干部被政府监督，这样监督效率低下就不言而喻。并且，随着人事、薪资制度改革的迟缓，国有企业变相贪腐现象就更加严重。因此，坚决抵制腐败和实现重大发展抉择的民权化就成为国有企业改革和其全民所有制性质体现过程中无法绕开的难题。

首先，腐败问题。坚决抵制腐败不仅针对个人或群体，更加针对滋生腐败的制度。这里必须指明，笔者所指的滋生腐败的制度与社会性质无关。并且，事实上，腐败哪里都有，任何制度都有可能滋生腐败。因此，打击滋生腐败的制度应当是动态的，并且任何事物都不可能降为零，这不符合世界的运行规律和人的认识规律。任何事物都是具有两面性的，将任何问题绝对化，或将其打压至零都是不现实的。但打击腐败和打击滋生腐败的制度的努力应当是不间断且不放松的。打击国有企业的腐败也应当遵循有理、有利、有节，相对全社会的腐败现象或者某些政府干部的腐败，国有企业的腐败相对容易打击。首先，当前环境下，打击国有企业腐败是由政府主导的，而国有企业的去行政化改革虽然有极大阻力，但是政府主导的国有企业去行政化是可能的，因为政府的行政实力要远高于国有企业。并且，进一步的国有企业改革应当与国有企业全民所有制性质体现一致，这就需要相应的人事、薪资制度的改革。国有企业的全民所有制性质体现方面的改革是加强执政根基，扩大执政基础的改革，这对于政府和历史都是有理、有利的。其次，对于国有企业腐败的打击应当有节制，这不但是政治手段也符合历史的认知，将任何所谓的坏东西清为零的改革都将是失败的，历史无数次印证了这一点。

打击腐败的根源在于打击滋生腐败的制度，并且有节制地进行打击和处理。随着生产力的发展，社会科学的认知也在进步，只要方向是明确的，不断有节制的改革并不一定是低效的，但改革的终止一定是错误的。因为对于任何行为的完全否定本身就是一种不符合辩证认识论的判断。而打击国有企业腐败，绝不仅仅是人事、薪资制度改革所能解决的，多元化监管和重大发展抉择的民权化应当得到重视。对于多元化的监管，政府监管将依然是监管的主导，但是，行业协会等民间组织的监管也应当被引入。在我国，大部分的企业规章（包括会计制度）都由国家行政部门指导，而西方的行业协会指导应当被借鉴，在这一过程中，不但有利于国有企业监管的多元化，更利于民营企业与国有企业的同平台比较和同类对待。行业协会的建立有利于同业标准和准则的形成，同时也有利于同业管理准则和管理水平的交流，这有利于职业经理人市场的完善，更有利于国际竞争。随着同业标准、准则、管理规范和水平的交融，会提高同业的凝聚力和集体行为能力，这对于在国际竞争条件下民族产业的振兴是有利的。并且，政府对于行业协会的规范，以及国有企业对于行业协会的引导都是双向的，均衡有利于整体的提高，这是市场高效的真谛。

其次，国有企业上缴利润的如何分配和国有企业重大发展抉择民权化的问题。民权化不但有利于监管的多元化，更有利于打击腐败。并且，国有企业的利润上缴本来就属于全体国民，政府只是代行分配，国有企业的重大发展抉择也是如此。在此类关系到民生的重大问题方面，全体国民有权利表达个人观点。但是，由于全体国民表达个人观点并参与决策的成本过高，此行为一直无法实现。然而，随着经济的快速发展，信息技术、金融平台的逐步成熟为民众意愿表达提供了基础。选择大规模基础设施投资还是选择消费，按什么比例再投资，按什么比例直接回馈于民是可以做到的。虽然在这一过程中消耗的成本并不低，尤其是针对某一政策和行为的解释成本，随着行业协会等民间组织的成熟，这一部分成本不一定需要政府分担，而行业协会等民间法律、经济组织的成熟也为就业和流转中的专业积累做了相应的贡献。在国有企业利润上缴和反馈于民的过程中，应当尽量避免官僚化的引入，应该尽量通过信息化技术和金融平台完成，以减少腐败的空间和成本的损耗。并且，民众选择的逐步成熟也会使得民众不同意识地互相制衡更加凸显，这更加有利于民众理解政府和政府的执政。这将是中国特色社会主义民主过程的重要组成部分，但是在此过程中，中国应当尽量避免重蹈俄罗斯等国改革的覆辙。

中国特色社会主义的民主改革势在必行，虽然并非刻不容缓，但是方向是政府及各阶层都认同的，只是程度上理解并不一致。通过国有企业改革和国有企业全民所有制性质体现的民权化过程引入民主改革，是可控且有理、有利、有节的。这一改革本身就是加强党和政府的执政根基，提高人民福利、转型经济发展方式，是有利于民生和社会和谐的。并且，民享和民有观念的深入，也会带来消费者对于国有企业和民族工业的支持，这对于民族工业振兴是非常重要的。总的来说，国有企业上缴利润的如何分配和国有企业重大发展抉择的民权化改革必然会扩大党和政府的执政基础和影响力，并有利于民族归属感、使命感的形成以及民族工业的振兴。

五、制度建设与“信托”责任

回顾历史，对于当权者腐败、不作为的批判和治理从不曾间断过，而人治相对不曾间断的腐败与不作为就显得有些无力。这并不完全是人治的无力，而是人相对于时间的无力，人治的强烈意志在时间脉络上总是有急有缓，并且人治很难保证对治人者的治理。而为了弥补人治的不足，制度的保障就尤为重要，但制度的革新也要靠人。脱离制度和机制的反腐、反不作为是难以为继的，但在制度和机制的建设过程中，人治也是无法脱离的。而人治不仅在于严刑峻法，还在于道德观的建设，教育是从读书育人向探索性思考和实践过渡的，当前的教育过度地推崇兴趣培养，兴趣培养相对于知识的灌输的确有进步，但是连低级别的都没做好就追求高层次的培养方式本身就有待商榷。在新中国成立初期到改革开放之间，思想过于集中，也导致了价值观的过于单一，改革开放之后多种价值观的冲击使得思维、思想、道德都受到了冲击。物质决定意识，意识可以反作用于物质，一味灌输超前的精神文明本身就不符合马克思主义的相关理论。符合当前经济、社会、人文发展现状的道德观的探讨和研究是非常重要的，而以此为基础在制度和机制建设的同时，丰满人治实践，加强“信托”责任理念才是全面发展、可持续地抵制腐败、抵制不作为。尤其是对于委托代理经营者们，“信托”责任看似老生常谈，但是抵制腐败、抵制不作为、加强制度和机制建设的目的就在于弥补“信托”责任的缺失。大量公有制、国有企业和市场经济的融合，更加呼唤“信托”责任，而我国当前“信托”责任的缺失不仅存在于委托代理经营者们的范围，从教育、社会价值观的形成初期就没有“信托”责任的理念，在人才选拔的过程中没有“信托”责任的考核，这是相当可悲的。责任在中华民族的发展历程中占据了举足轻重的地位，而如今企业社会责任、“信托”责任的缺失就显得更加可悲。本文着重探讨“信托”责任问题并不是反叛传统的激励约束机制理论，而是在传统激励约束机制理论的基础上，中国特色社会主义的发展更需要“信托”责任。用符合物质文明的精神文明和精神文明中某些理想、信仰的观念充实教育和人才选拔，远远比一味灌输超越物质文明的精神文明务实更重要。理想、信仰在任何时候都是重要的，是精神文明重要的组成部分，但是，理想和信仰不是精神文明的唯一组成部分，或者说，理想和信仰就在于相对稀缺才显得更加珍贵，比理想和信仰更广泛更基础的更应当得到重视，“信托”责任理念有必要成为中国特色社会主义核心价值观、道德观和人才考核要素的重要组成部分。

六、制度建设与企业社会责任

企业社会责任的提出最早可追溯到 Oliver Sheldon（1924），企业社会责任的论战自此开始，其间虽然有 Levitt（1958）“政府的工作不是企业的，企业的工作也不是政府的”和米尔顿·弗里德曼（1970）“企业唯一的责任就是合规则地提高利润”等不少的反对声音。[①] 但是，被称作现代“企业社会责任之父”的 Bowen（1953）所提出的企业社会责任“企业人按照社会普遍认可的社会目标和价值观来追求相应的政策，做相应的决策或遵循相应的行动标准”成为随后 20 年里企业社会责任争论的主流。[②] 从而 Bowen 出版的著作《企业人的社会责任》，被认为是第一本有关企业社会责任的书，标志着现代企业社会责任研究的开端。Bowen 强调社会的目标和价值观，企业

① ［美］米尔顿·弗里德曼：《资本主义与自由》，张瑞玉译，商务印书馆 1986 年版。

② H. R. Bowen. Social Responsibilities of the Businessman. Harper&Row，1953.

社会责任是建立在这两个理论前提的基础上。Carroll（1979）在前人研究的基础上，给企业社会责任提出一个全面的概念框架。他认为，企业社会责任是多元化的，包括经济、法律、道德、慈善成分，乃是整个社会希望其履行义务的总和。此四维度模型理论成为此后企业社会责任研究领域最著名的理论之一。[①] Carroll（1977）的著作《管理企业的社会责任》也是本时期企业社会责任研究领域的一种至关重要的出版物。随着20世纪90年代对企业社会责任问题的更大范围的讨论至今，虽然有难以计数的企业社会责任概念、维度和相应的实证研究，但是在我国企业社会责任还没有得到足够的重视。李正（2006）以沪市数据为基础的《企业社会责任与企业价值的相关性》的实证结果表明，从当期来看，企业承担社会责任会降低企业的价值，而且我国机构投资者中社会责任型投资基金尚不存在。[②] 万莉、罗怡芬（2006）企业社会责任的均衡模型的演绎推论，认为我国对企业社会责任的认识较为模糊，并且只看到企业社会责任给企业造成社会成本的负担，而没有看到企业社会责任给企业提供的发展机会。[③] 企业社会责任在我国重视程度的相对落后使得建立和完善我国企业社会责任制度成为必行之事。

综观国有企业改革，改革开放以来，国企改革基本可以分成两个阶段：从1992年10月开始划分，前面的13年基本以计划为主市场为辅。而1992年之后，在中共十四大明确指出，我国经济体制改革的目标是建立社会主义市场经济体制，并要求围绕社会主义市场经济体制的建立加快经济改革的步伐。1993年，八届全国人大一次会议通过宪法修正案，用“国有经济”“国有企业”取代“国营经济”“国营企业”。这表明了我们实行国有企业改革的决心，从此“国有企业”与“国有经济”这两个词进入了人民的生活。1993年11月，中共十四届三中全会通过了《中共中央关于建立社会主

---

① A. B. Carroll. A Three - dimensional Conceptual Model of Corporate Performance. *The Academy of Management Review*, 1979（4）.

② 李正：《企业社会责任与企业价值的相关性研究——来自沪市上市公司的经验证据》，载《中国工业经济》2006年第2期，第77－83页。

③ 万莉、罗怡芬：《企业社会责任的均衡模型》，载《中国工业经济》2006年第9期，第117－124页。

义市场经济体制若干问题的决定》，明确指出，我国国有企业的改革方向是建立“适应市场经济和社会化大生产要求的、产权清晰、权责明确、政企分开、管理科学”的现代企业制度，要求通过建立现代企业制度，使企业成为自主经营、自负盈亏、自我发展、自我约束的法人实体和市场竞争主体。在社会主义市场经济体制框架下建立现代企业制度是我国国企改革实践的重大突破，具有划时代的意义，为国企改革指明了方向。国企改革目标的明确不单是个结果，也是一个过程，我们经历了很多波折，也积累了很多经验。

总而言之，1993 年之前无论如何放权、如何承包，都是在绝对权力的指导之下的放权。而 1993 年之后的国企改革，已经跨越到制度层面上，逐步实现产权清晰等一系列的现代企业制度方面的改革。随着物权法的确立和市场经济的发展，财产权利的确保已经使得现代企业制度深入人心，使得国企改革不断地深化，使其更符合市场的要求。随着计划经济向市场经济的过渡，这也可以看成资源从科层内部配置向市场调节配置的过渡，在这个过程中，自由竞争的观念深入人民经济生活的各个方面，并且对利润追求的显示性偏好越来越明显。劳动力价格估值过低（制度工资过低）、污染严重、产品质量不过关、商业道德意识薄弱、社会慈善乏力等一系列问题都需要得到更多的重视。因此，如何使得企业社会责任制度进入国有企业的“骨血”，成为我国国有企业改革的新挑战。国资委 2008 年第 1 号红头文件[①]指出：中央企业要增强社会责任意识，积极履行社会责任，成为依法经营、诚实守信的表率，节约资源、保护环境的表率，以人为本、创建企业的表率，努力成为国家经济的栋梁和全社会企业的榜样。

政府应当加紧推动国有企业社会责任由履行向制度内化转型，将中国国有企业社会责任升级到 2.0 版本，加强企业社会责任宣传，打造“优质企业”品牌效应，以便融入国际市场秩序、引领制定市场竞争规则。

① 国资委 2008 年第 1 号红头文件《关于中央企业履行社会责任的指导意见》。

第七章 以创新为导向的国资国企改革的基本设计

一、构建国资国企改革的开放创新环境

（一）嵌入高标准经贸规则，加快构建国资国企改革全面开放新体制

一是在分类改革等指导性文件的基础上深度嵌入开放环境设计。2015年8月，中共中央、国务院印发了《关于深化国有企业改革的指导意见》（以下简称《指导意见》）。《指导意见》明确将国有企业分为商业类和公益类，商业类国有企业改革要遵循市场化原则，积极推进股权多元化，以保值增值和提升市场竞争力为目标；公益类国有企业则以保障民生、服务社会、提供公共产品和服务为主要目标。综合来看，国有企业分类改革是面临全面开放新格局，提出的系统化改革方案。与此同时，国有文化企业和金融类国有企业也形成了诸如《关于推动国有文化企业把社会效益放在首位、实现社会效益和经济效益相统一的指导意见》和《关于深化国有文化企业分类改革的意见》等系列文件。要在已有的改革指导性文件的基础上，对国有企业进行统筹改革设计，深度嵌入开放环境设计，国资国企改革率先在全国推出国企分类改革、三类清单管理、体制机制改革创新试点、落实“两大责任”和建立巡查工作机制以及省属国企社会责任全覆盖，有效探索了国资国企改革新路径。要将各类型国有企业放置在开放环境和视野下进行国际规则测验。

二是抓好“一带一路”国有企业“走出去”的规则学习契机，加快推

进开放环境下国资国企市场化改革。“一带一路”建设标志着中国从参与全球化到塑造全球化的态势转变，推进“一带一路”建设符合中国与沿线国家的长远利益，要抓住这一契机。其一，加大市场化改革力度。国资国企改革的顶层设计要聚焦市场化改革的关键，加快国资管理体制从管资产向管资本转变，把国有企业真正推向市场，允许企业集团先行先试，试行市场化职业经理人制度，推行市场化薪酬分配和选人用人制度，真正建立起权责对等、收入与业绩挂钩、激励约束并重的市场化经营管理新机制。其二，对改革试点充分授权。对国有企业、国有文化企业和国有金融企业中运营公司改革试点企业充分授权，推动其在市场化人才选聘、薪酬分配、职业经理人、员工持股等方面先行先试取得实质性突破，以点带面推动国企改革创新。在需要尽快融入国际规则的国有企业率先推行“去行政化”改革，把限薪与试行职业经理人制度改革统一起来，对集团领导班子中愿意参与职业经理人制度改革的，取消行政级别，实行市场化薪酬；愿意保留行政级别的，严格实行限薪政策，使激励和约束相匹配。同时，扩大试点范围，将资产“千亿级”的大型国企集团和央企纳入国资投资公司改革试点。其三，注重总结复制推广国资国企改革成功经验。对于已先行先试“去行政化”改革和市场化人事薪酬制度改革并被市场高度认可的国企，应支持其继续推进市场化国资国企改革，继续完善与国际接轨的薪酬分配和选人用人机制，避免走行政化的回头路。及时总结推广先进省市二、三级企业体制机制改革创新试点工作中的经验和典型，着力解决好历史遗留问题和改革中的新矛盾新问题，创造更多可复制可推广的经验做法，倒逼集团层面加快改革创新。

三是充分借鉴欧洲和新加坡国有企业改革经验，优先清理“边边角角”、列明改革清单，实现负面清单制度的国资国企嵌入式改革模式。国有企业改革无法通过引入完善的市场化机制，达到“一蹴而就”的目的，要“打造扫好后院再请客”。尽快剥离国有文化企业“企业办社会”等问题，在企业非主营社会功能业务之外的负担，都要尽快剥离；一些被长期投诉、民众和员工对管理理念和管理层有极大质疑声音的国有企业，要尽快清查问题，尽快处理与企业改革相背离的腐败隐患。要摸清家底，列出改革清单，把改革重点列清楚。对于一些“事企不分”的国有企业，加快界定步伐，看看到底适不适合改，能不能纳入先期改革的范围。如果缺乏抓手就放一放，在其他领域取得成果的基础上，就有经验可循，有成绩自信，再突破；一些“不死不活”的国有企业，要加强调研，看看混改思路要不要适度押后，明显难以取得成果的改革就放一放。深水区改革要见成绩，才能有激励，才能改得动。要尽快把有条件改，符合国有企业改革思路和标杆案例需求，并能取得标志性成果的重点列清楚，列出先期改革清单。

四是要“抓大”树标杆，为中国国有企业制度性改革的国际输出提供案例，构建开放环境下的国资国企改革长效融入机制。鼓励有条件的国有企业，推进企业改革“抓大”专项，探索国有企业改革的自主性改革机制。鼓励将股权改革方案设计下放到国有企业。将各类型股权结构优化方案下放到国有企业，有条件的国有企业可自主提出改革方案。加快推进一批文化企业改革“抓大”专项。以此为基础，梳理开放环境下与国际化标准相对接，实现“走出去”并被全球接纳的国资国企改革标杆，突出混合所有制的发展优势。实现制度优越性的案例输出，接受国际市场考验，形成并进一步探索开放环境下国资国企改革的长效融入机制。

（二）抓好自由贸易试验区国资国企改革的创新引领功能

一是加强以创新为导向的集成性研究。承担自贸区国资国企改革的对口省份及大连、沈阳、营口三个自贸片区的主要负责同志要深入学习国际高标准经贸规则，利用具有总体性和继承性的多边贸易规则，结合国资国企改革的创新需求导向，加强对自由贸易试验区国资国企改革的集成性认识。要运用好国民待遇原则，发挥知识利用和知识创造的主动权，促进本地竞争、加强本地市场竞争力、促进国有企业健康发展，在新的试验中挖掘新的问题，在新的问题中找到新的解决方案。建议政府以股权改革为试点、以经营权改革为抓手、以经营效率改革为目标、以创新发展战略和对产业升级与创新发展的带动性为最终考核标准。实现四个改革重点的系统集成。

二是国有资产监管部门要提高问题意识。承担自贸区国资国企改革的对口省份及大连、沈阳、营口三个自贸片区的国有资产监管部门要提高重视程度，切勿将日常工作僵化植入自由贸易试验区国资国企改革，将部门内部的工作汇报文件不经过针对性整理，直接交给自贸办和片区管委会。要开展深学习、大调研，狠抓深化改革工作，重点做好自由贸易试验区国资国企改革专项监管和推进工作，要“文能对题”，更要“有文可对题”。

三是重点加强示范性案例的专项攻关和整理。要充分认识到自由贸易试验区创新案例的示范性和宣传性，自由贸易试验区国资国企改革要实现产权改革、经营权改革、经营效率改革和创新发展相统一，国资国企改革必须要与新兴产业发展和产业创新升级相统一，在高质量发展的基础上，一手抓开放示范引领背景下的本地竞争，重点研究促进本地竞争、促进国有企业适应本土的国际竞争和国际规范营商；另一手抓从“引进来”到“走出去”，国有企业要从粗放型投资的对外输出转变为实现高质量发展的对外输出，彰显中国国有企业经营的制度规范，为全球输出国有企业的经营和制度标准。

四是高质量的国有企业是社会主义优越性的重要体现，要加强理论自信和道路自信，嵌入国有企业引领式发展的正义性，研究采购与专项性补贴的市场化机制再造，探索全球制度引领。深化改革、开放示范与引领是高质量发展的重要抓手和集中体现，高质量的国有企业是社会主义优越性的重要体现，对于深化改革和开放示范引领工作要加强理论自信和道路自信。国有企业的强制性制度变迁是对诱致性制度变迁不足的弥补，是经济正外部性的重要来源，对正外部性的采购和补贴具有正义性。要深度结合国际经贸规则的要求，从市场化机制构建的角度，研究采购与专项性补贴的市场化机制再造问题，建议可以将经理人制度、雇主、知识产权要通过嵌入国有企业社会责任中，实现国际化对接和发展引领，将竞争政策调控款与国有企业社会责任监察相关联，将有企业社会责任履行作为采购的重要考量，挖掘产品和服务提供的国有企业社会责任评估关联性。将国有企业高质量发展和创新示范引领发展的正外部性和正义导向嵌入市场化机制的激励奖惩中。将外资引入、全球化、“引进来”和“走出去”与产品和服务提供，以及居民消费和居民生活相关联。让深化改革、营商环境建设与居民获得感相统一。

二、以装备制造业振兴为国资国企集成式创新的突破口

（一）重视装备制造业在国家创新体系中的重要作用

在各产业、各行业中，装备制造业的产品既不像农副产业的产品那样具有强依赖性，也不像服务业那样没有实际的物质产出却可以体现经济繁荣，很多国家选择不发展装备制造业。但是，装备制造业的水平直接决定着生产、生活工具的发达程度，这也是提高生产力效率的最重要组成部分。并不是任何先天禀赋各异的经济体都能够发展装备制造业，同时，发展装备制造业也并不会像服务（金融等）产业（行业）那样显著繁荣经济，并且，由于科技的应用需要一个沉淀过程，装备制造业并不是科技的引领者，但是装备制造业能够产出广泛的成熟科技产品。所以说，装备制造业的发展有利于生产力的发展，更有利于国家实力的增强，而国家实力基本可以代表国家的可预知信用，这恰恰是发展现代金融的关键。现代金融体系所基于的货币体系并没有实物（黄金等）作为依托，而由来自市场经济中先发优势或配置过程中的主导优势的强势信用作为替代。中国作为先天禀赋较优的大国，在当前经济秩序之下，立足于长远，装备制造业的振兴势在必行。而装备制造业的核心在于精细，这不仅是原件的精细、制造与组合的精细，更是精细的用心和精细的流程，这恰恰是中国装备制造业和当代中国社会最缺失的。浮躁是精细的大敌，如果将产出列为制造的目的，将产出数量作为装备制造业振兴的结果，再辅以浮躁的整体氛围，结果将是不言而喻和自欺欺人的。因此，装备制造业的振兴应当紧紧围绕精细等质量问题，而非产量等数量问题。并且，装备制造业的振兴不仅是精细的制造、组合、流程、分销养护等部分的振兴，更应当是文化的振兴。中国的装备制造业与装备制造业文化的振兴应当与发展国有经济、实现国有经济的全民所有制性质同步。如果将国家视为一个独立的经济个体，交换还是内部自给自足的选择是购买者基于各自成本和效率取舍的结果，就像新兴古典经济学提到的那样，新古典忽略了经济个体的内生性，这也使得交易

费用、制度等因素在经济模型中被忽略。而将国家视为一个独立的经济个体时，不被选择或抵制的不一定只是日货，在产品的质量和价格相近的情况下，人们愿意选择更大的品牌或更有亲切感的品牌是一个无须证明的现实情况，而国有经济全民所有制性质的实现会使得人民对国货具有亲切感，这不仅是情感的归宿更是利益的驱使，这也会促成中国装备制造业的振兴。但与此同时，装备制造业的振兴必须基于自身的强大，必须精益求精。

有些政策失误导致了某些不符合禀赋的产业或行业被过分发展，而对过分发展的全面否定并不符合先天禀赋的原则，就像已经进入社会主义并且没有任何证据证明社会主义是错误的，那么社会主义的某些问题不应当成为全面否定社会主义的依据。将现有的大厦推倒重建的直接结果是大厦被推倒，而非大厦可能被修得更高。改革或改良应当基于现有条件，先天禀赋应当是此时的禀赋条件，市场经济和民主的引入不应当是盲目的，成本、效率的选择应当基于此时的禀赋条件。让务实者开辟沃土，让弱势群体能够体会到经济发展才是社会发展的最重要标志。

为了更好地阐述装备制造业与装备制造业文化的振兴问题，本文通过一个具有广泛性的现实行业作为例子，进行论证。在当前情况下，符合已存在的禀赋特征并具有广泛性的例子就是中国的汽车产业振兴问题。在当前，中国汽车产业中整车装备与制造企业最具代表性。很多 A 级或 B 级车主要配件的选择依然沿用外国技术，或直接采购外国配件，国内组装。单就组装而言，国产车或国产贴牌车就远不及同牌同类进口整车，曾经中国最大的禀赋优势就是人口红利，大量的可利用闲置人力资源为中国制造打开了世界市场，而就笔者在一汽大众奥迪生产线的实地观察经验来看，存在许多问题，例如，流水线小工和流水线供应链各环节的组成并没有如宣传的那样精益求精，过长的连续工作时间会导致工人懈怠，过低的同类产品竞争会导致产品出厂标准的降低。而对于销量的简单追求，直接导致了装备制造业的虚假繁荣。

根据可阅读的材料和可供选择的汽车实地勘察，不难发现，精细的制造和精细的态度恰恰是中国装备制造业最缺乏的，而精细的制造和精细的态度恰恰是装备制造业强大的核心内容。在中国，房地产、汽车产业对经济的拉动效果较为明显，追求业绩腾飞的领导和结构主义的发展理念不谋而合，而缺少约束和竞争的发展在繁荣的同时也留下了隐患。房地产业和汽车产业的发展，虽然有了一些质的进步，但是在一段时间过后，留下的都将只是量的繁荣。

装备制造业的技术和专业水平并不是同时期科技最前沿的，因为科技的应用需要一个沉淀过程，绝大部分工业企业应用的技术都比同时代的普通高校本科教育晚至少10年。但是，装备制造业绝不是“夕阳产业”，虽然制造技术中确有“夕阳技术”，甚至是同信息化大潮格格不入的技术，是同高科技发展不相应的技术，是缺乏市场竞争力的技术。但“先进制造技术”是一个融合时代科技特征并结合管理科学的发展概念，是与时代同步的。[1] 装备制造业振兴需要基于科技的进步，但更重要的是精细的质量与精细的用心，这是与时代发展和科技进步不相违背的。提高技术工人的福利和社会地位，在教育和人才培养过程中，加强实践培训，并在培训过程中严控质量关，大力推行精细教育才是装备制造业振兴的关键。传统的用工制度、用工理念都应当进行配套改革，技术与经验应当被给予更大的福利支持和关注，精细的质量应当出自精细的实践。并且，这与高等教育并不相冲，虽然实践是重要的，但实践是没有尽头的，只是在素质的培养过程中应当引入实践理念。这里需要指出，实用主义需要适度的选取，实用主义在当前情况下很容易形成浮躁氛围，对知识的尊重、对自然的敬仰、对公平正义等人文社会理念的追求才是社会主流价值观的主要组成部分。

总的来说，装备制造业的振兴应当从装备制造业的精细化改革和装备制造业文化的深入入手，并辅以大力宣传对知识尊重、对自然敬仰、对公平正义追求的价值理念。在此过程中，国有企业应当引领装备制造业的更高标准以增强国货竞争力，并通过标准的制定影响整个装备制造业的发展。

（二）以“民富先军”为创新的重要抓手

装备制造业的产品既不像农副产业的产品那样具有强依赖性，也不会像服务（金融等）产业（行业）那样显著繁荣经济。并且，由于科技的应

① 杨叔子、吴波：《先进制造技术及其发展趋势》，载《机械工程学报》2003年第10期，第73－78页。

用需要一个沉淀过程，装备制造业并不会成为科技的引领者。但是，装备制造业能够产出广泛的成熟科技产品，这直接决定着生产、生活工具的发达程度。同时，装备制造业的精髓和装备制造业精细、严谨文化的发展也有利于社会浮躁氛围的沉淀，利于社会和谐。一个发达的经济体或者说一个真正的大国，必须成为科技引领者，才能够具有真正的先发优势或资源配置优势，这恰恰又是现代金融和现代世界经济秩序不可或缺的。此外，装备制造业的发展还有以下重大的潜在意义。

首先，发达的装备制造业可以随时用较低的成本转为军品制造，军转民是较为普遍的理解，也是曾经一个时代的实例缩影，而民转军意味着一种能力。装备制造业的辅军不仅意味着中国潜在军事实力的提升，更意味着民用制造业标准的提升，并且，民转军的能力也意味着军转民的便利。在战备时期民转军，在和平时期军转民，以同一生产线和降低的转换成本完成两个跨项任务，这大大地降低了生产的机会成本。由此，让国有经济引领装备制造业振兴的浪潮，在最初生产线的设计领域就应当考虑民转军的问题，并以军品装备制造的标准检验产品质量，这对于产品质量、流程设计、精细加工，尤其是工人工艺水平的提高将会有显著效果。装备制造业的振兴不仅能够提供优良民品、成熟的技艺、流程和人才储备，更能够在产业链的范畴缩短纯军事用品的开发和生产流程，这在当前时代背景下是具有重要意义的。总体而言，世界是和平的，但是局部战争从来没有间断过，将军转民的事实与民转军的能力相结合不但有效地降低了军事投入成本、更提高了民品质量，并且，将大量成本投注于民用制造业并不会使得本国的潜在军事实力下降。简单地说，装备制造业振兴的首要潜在意义，即辅军，辅助提高本国的潜在军事实力。当影响本国安全的战争发生时，以国有企业引领的辅军式装备制造业可以迅速转军产，并且国家可以利用订单、民族思想等手段迅速将装备制造业的民企转军品生产或战时国有化，以提高军品生产能力。

其次，一个不追求科技引领的国家终将沦为全球竞争中的二流国家。而科技的引领通常不来自于开发民品的目的，例如，近代地球探测技术、核技术、空间技术等。虽然科技为民用才是科技的最大成就，但是一个安全科技产品的产出需要经过长时间的科技沉淀。这就像药品的开发，必须经历长期的临床试验。当前浮躁的氛围并不利于科技引领者的成长，这不仅是因为科技本身存在的外部性和各行业广泛的“山寨”问题，更是由于实用主义者和结构主义者功利思想的大行其道。每个时代的引领型科技都很难直接转化成生产力，但是，将科技的引领灌注到军事领域就是相对可行的。在高端军事研发和高端科技研发层面，几乎可以完全由国有企业或者国家部门控制，政府可以集中力量塑造科技引领或积淀科技引领优势。同时，装备制造业振兴会在产业链的范畴缩短纯军事用品的开发和生产流程，减低军品产出成本①，这就是科技先军的重要基础。由此，政府的军事投入可以被更集中地用于军事产业链的两端，一端是军事科技的高端研发，另一端是军事实战人才的培养。而军事科技的高端研发恰恰是科技引领的重要组成部分。这就是装备制造业振兴的另一重要潜在意义，即先军，以军事科研的高端研发为依托，追求（基础科学等）科技引领。与此同时，政府应当主导探索高端科研的外包（企业化、国有企业引领的民营化②），再开拓军事科研的民品转型。当军事科研的高端研发能够达到引领目的的时候，通过辅军优势或者说通过成熟军民互转的装备制造业就能够实现高端研发到产业产品的转型。因此，辅军、先军应当是相辅相成的，这对于中国制造业的振兴和中国大国理念的复苏有着重要意义。

三、抓好能源革命的国有经济创新引领机遇

改革通常会面对冲突，产生摩擦以导致损耗。通常情况下，要完成改革的目标，必须有相对更富余的推动力，科技革命带来的世界格局下利润的重新分配就是更富余推动力的来源。国有企业也可以通过参与引领第四次科技革命，从而获取更大的利润。对于“先发优势”一词的使用，应当

---

① 相对而言，生产线、人才、文化的积淀对军品产出的会计成本影响不大，这里提及的产出成本更多的在于机会成本，在世界和平的大背景下，如果不卖军品，纯军品的生产将消耗大量的机会成本。

② 军事研发的民营化是可以通过国家安全立法进行约束的，并且由于行业特殊性，军品的国内订单也可以约束行业内部的民营企业。虽然存在民营化状况，但是与内部争利或叛逃等现象可以受到更严格的控制，并且，民营化的军事研发的全球贸易有利于人民币强势地位的塑造和外币的获取。

首先阐明后发优势这一概念。林毅夫（2003）指出，杨小凯先生等人所说的模仿先发国家技术容易，但模仿制度难，先模仿容易的技术，反而会造成制度模仿的惰性，这种后发劣势的说法是有待商榷的。制度本身是内生于经济增长的，制度模仿与技术模仿共同推动的经济增长本身就存在自变量的自相关现象等，这些因素造成了后发国家的各样问题，但是以“东亚奇迹”为表现的后发优势是相对确定的。[①] 林毅夫、张鹏飞（2005）指出，落后国家可以通过从发达国家引进技术获得比发达国家更快的经济增长，并使得落后经济最终收敛到发达经济。[②] 研究的首要假设是技术是可以习得的，但是最新技术的开发和应用通常是受到保护的，哪怕技术是可以习得的并且后发劣势不存在，后发优势也只是收敛了差距。因此，占据先发角色远比利用后发优势更有利，只是先发优势几乎众所周知并且先发角色几乎是历史形成的既定结果，几乎没有经济学者讨论此问题。而在自然科学与社会科学结合的层面，这一问题是可以被讨论的。

必须承认，当前，由中国引领科技革命是相对不现实的，但是站在科技革命的相对优势地位是有可能的。回顾前三次科技革命，第一次科技革命以蒸汽机广泛应用为代表；第二次科技革命以电力的广泛应用为代表；第三次科技革命以原子能技术、航天技术、电子计算机的应用为代表。总的来说，科技革命是科学革命和技术革命的统称。科学革命指人们认识客观世界的质的飞跃，它表现为新的科学理论体系的诞生；技术革命指人类改造客观世界的新飞跃，它表现为生产工具和工艺过程方面的重大变革。科学革命是技术革命的基础和出发点，科学革命引起技术的进步；而技术革命是科学革命的结果，先进的技术及其应用成果反过来又为科学研究提供了有力的工具。

科技革命最直接的体现为生活的变化。例如，第一次科技革命带来的蒸汽机的纺织机械、蒸汽轮船；第二次科技革命带来的电灯、电报、电话等产品；第三次科技革命带来的计算机、网络，都改变了人们的生活，影

---

① 林毅夫：《后发优势与后发劣势——与杨小凯教授商榷》，载《经济学（季刊）》2003 年第 3 期，第 989 – 1004 页。

② 林毅夫、张鹏飞：《后发优势、技术引进和落后国家的经济增长》，载《经济学（季刊）》2005 年第 4 期，第 53 – 74 页。

响了人们的生活方式。第一次科技革命基于传统的力学、功、能的转化；第二次科技革命基于电磁理论和传统的功、能的转化；第三次科技革命基于新型电子技术和以相对论、量子力学为基础的质、能、功的转化。而与每一次科技革命相伴随的都是引领科技革命的经济体的强势增长，新的科技革命必然产生更大更广泛的比较优势，在自由贸易的情况下，更大更广泛的比较优势必然带来引领者的强势增长。由于科技革命所涉及的新科技产品的应用性较广泛，先发者 A 国总成本虽高但是平均成本 C_A 相对低，而对于无新科技产品研发的 B 国家，生产新科技产品的研发成本就很高，更何况市场已经被先发者占领，导致平均成本 C_B 相对高，尤其是技术存在垄断保护和壁垒较大的生产初期，相对生产传统产品的成本比 C_{Bn}/C_{An}，C_B/C_A 是足够大的，那么在自由贸易中，出口新产品进口传统产品就是占优的。并且，在新科技产品的应用初期，C_B/C_A 足够大时，C_A 就可以包含超额利润，对内对外差别定价，这不但有利于 A 国在贸易中获取更大利润，更利于新科技产品的研发者迅速收回成本。因此，新科技革命的先发者角色或者说站在科技革命的优势端是尤为重要的。瓦特改良蒸汽机是第一次科技革命的主要代表，发生于 1785 年，虽然发电机原理和原始发电机都归功于法拉第，但是具有应用价值的发电机应当追溯到西门子在 1866 年的发展产物，这是第二次科技革命的主要代表，而原子弹和计算机分别在 1945 年和 1946 年出现，这为第三次科技革命奠定了物质基础。简单拆分，每一次科技革命间隔约为 80 年，向后再延伸 80 年作为第四次科技革命的简单预测，即第四次科技革命约在 2022 年出现标志性产品或发生标志性事件。这种简单归纳并没有绝对的指导性，但是当前经济发展也呼唤着新一次科技革命的到来。此处，笔者相信第四次科技革命已经在萌芽之中。而每一次科技革命都以科学革命为基础、技术革命为表现，并且均影响了人们的生活、改变了人们的生活方式。笔者大胆预测，第四次科技革命是以“锂电”和相关应用为基础的便捷化科技革命和清洁能源革命。“锂电”科技革命以更微观的物化理论与技术为基础，以新型便捷电子产品的应用为表现，影响人们的生活并改变人们的生活方式。

（一）能源科技革命的组成与展望

锂电，锂电池的简称。锂电池主要是指在电极材料中使用了锂元素作为主要活性物质的一类电池。锂电池有轻巧耐用等优点，对环境污染相对小一些。锂金属的化学特性非常活泼，使得锂金属的加工、保存、使用，对环境要求很高。所以，锂电池长期没有得到应用。随着微电子技术的发展，小型化的设备日益增多，对电源提出了很高的要求，随之，锂电池进入了大规模的实用阶段。1992 年，索尼公司成功开发了具有实用性的锂离子电池，从而减小了移动电话、笔记本电脑等便携式电子设备的重量和体积，并延长了使用时间。由于锂离子电池中不含有重金属镉，与镍镉电池相比，相对减少了一些污染。锂电池的工作原理是，正极或负极必须具有类似海绵的物理结构，以释放或接收锂离子。在充电时，锂离子从负极材料移出至电解液，再像水进入海绵一样进入正极材料，放电的过程则正好相反。各种锂离子电池的优劣取决于正极材料，正极材料的选择决定了电池的容量、安全性和老化特性。当前，可充放锂电池是指由一个石墨负极，一个采用钴、锰或磷酸铁的正极，以及一种用于运送锂离子的电解液所构成。一次性锂电池则可以用锂金属或者嵌锂材料作为负极。当前，锂电池可以由不同的正极材料分为锂镍钴电池、锂镍电池、磷酸锂铁电池、锰酸锂电池。锂镍钴电池是锂镍电池和锂钴电池的固溶体（综合体），兼具锂镍和锂钴的优点，但钴正极电池在放电的过程中往往会形成金属锂。金属锂具有易燃性的特点，因此，安全性较差。总的来说，不同的分子组合决定了不同的特性。现在较为被广泛应用的锂电池还有三元材料电池。三元复合正极材料是以镍盐、钴盐、锰盐为原料，里面镍钴锰的比例可以根据实际需要调整，由于采用三种材料，就兼备了三种材料的优点，相对于钴酸锂电池安全性更高。然而，当前锂电发展还不成熟的原因主要是，还未找到一个更优组合或更优物质能够极大地提升锂电池的性能和稳定性，并且相对稳定的可用物质造价较高难以推广。

根据替代品的理论，当一种资源耗尽，价格过高或者供给遇到瓶颈时，替代产品就会出现。高能镍碳超级电容器作为超级电容器的一种，就是锂电池的替代品之一，超级电容器具有能量密度大、功率密度高、充放电效率高、高低温性能好、循环寿命长、安全环保、性价比高等诸多特点。但是，当前超级电容器没有克服电容器供电的一些基本问题，即长时间放电的效率或综合表现不及电池。但是，不惧过充过放且充放电功率、效率高的特点使其能够与电池配合使用。本段落提及的“锂电”是指广义的锂电池和锂电池的更优替代产品，如超级电容器、新型燃料电池等。“锂电”革命的到来，需要“锂电”达到如下标准：第一，快速充电并实现稳定的长效放电和频繁高功率密度的放电结合；第二，循环寿命长、安全环保（包括温度、震动和碰撞的稳定性）；第三，材料成本较低，并有较高的能重比，即每单位质量的“锂电”产品能够储存并提供较高的电量。

“锂电”之所以能够改变我们的生活，就是因为它的改变所影响的绝不仅限于电池领域。“锂电”科技革命不只是锂电池合成材料和替代品开发的问题，作为移动电子设备的能源提供端，更高水平的“锂电”技术必然导致电子产品相关结构的变化，从而推动电子产品革命性的变革。当前，许多材料，例如，自发光的可折叠屏幕早已问世，能源变革会使得很多前期积淀被连接起来，成为新产品变革的突破。当新的能源技术被提供，并达到成熟标准时，很多相关的技术都会产生变革。作为新能源汽车或者电动汽车的主要驱动力，仅仅将电池与超级电容器相结合是不够的，电池和超级电容器只是能源，而能源的驱动也属于总成的重要组成部分。当前，电池和超级电容器的组合还只能用于直流电路，而交流电源驱动和直流电源驱动各具优缺点，如果供能原件的技术变革出现，并具有了新的特点，总成的其他组成部分就会（面对其特性的新的取舍）随之变化，由此带来的变革需求是广泛的。虽然 PN 结和 NPN 结以及桥式电路的应用都已十分成熟，但是随着供能原件的技术变革、供能特性的变化，相应的部件和构成原理都可能受到挑战，并面临变革，而基础材料物理特性的创新带来的不仅是技术的进步，还有可能存在科学的进步。例如，电能利用过程中无法忽视电磁感应问题，有时电磁感应是有利的，有时是弊端极大的，而对于磁效应的高效控制很可能会影响基础物理的发展。因此，笔者断言，“锂电”革新所带来的变化可以被称之为“锂电科技革命”。

“锂电科技革命”会带来许多新产品或者旧产品的新变化。电子产品可以通过太阳能吸附材质为“锂电”电池充电，电子产品会更薄更轻更具巡航能力，以更稳定更便捷的能源提供作为支撑，处理器的耗电问题能够得到更好的补偿，从而使掌上智能化生活成为可能，以此为基础的便捷支付也会带来新的金融体系变革，这涉及支付、安全等多个领域。信息传导速度的提高对交易费用的影响会波及很多未知的领域。新型太阳能机械表可以解决机械腕表的持久运转问题，能够运转更持久、更准确、更环保的腕表成为一种普及而非一种优势。新型玻璃的太阳能转化涂层或者新型太阳能玻璃可以直接与“锂电”供能系统相连接，这不仅能为汽车提供能源，还可以为智能化家庭提供能源保障，并且，相关的物联网技术虽未得到推广，但是早已得到应用。新型电子产品可以与家庭智能中枢相连接，并给予基本指令，例如，录制电视节目、烧洗澡水、预约送餐或其他家庭服务，家门口只需要保管就足以与便捷支付系统相结合完成很多预订服务，全网络实名制的网络数据库可以为支付、监控等多方面安全提供保障。新型太阳能电动汽车不但可以快速充电、频繁启动加速，更能够利用太阳能补充能源，从而使生活更清洁。基于“锂电”科技的新进展，深海探测与地球物理也能够得到相应的发展，由于高效的能质比，深海探测的能源可以得到更好地解决。西伯利亚的极寒气候已经孕育了俄罗斯人开发极寒转能源的环境，相关的科研还处于绝密阶段，但是据此，深海的极压低温环境也可能成为能量的来源并被高效能质比的“锂电”系统储存并再输出。相应的原子能总成系统也会被迫改进，进入更高端的研发过程。

愿望总是美好的，随着“锂电”科技革命的到来和发展，新的问题也会产生。但是就目前而言，“锂电”技术的变革对于电动自行车、电动摩托车的改良，更轻薄更智能化的手机及笔记本电脑的生产是有明显推动作用的。电动自行车和电动摩托车当前较大的瓶颈就是蓄电池污染过高、充电时间过长、重量过大等问题。如果电动自行车和电动摩托车的电池更换为“锂电”，那么电动自行车和电动摩托车必然可以更加普及并为人们的生活提供更大的便捷。而电动自行车的生产大量地集中在中国，新产品的研发和量产并不是难事，而较好的产业政策和正确的引导对于普及“锂电”自行车或摩托车，以及培养几个有潜力的品牌、企业是非常重要的。当然，相关的交通管理条例会受到影响，但是随着老龄化和城镇化，简易的社区交通产品是有市场的。

在电子产品领域，苹果公司的电子产品尤其是苹果手机占据了大量的市场份额，而与高昂价格相比的较低成本已经是公开的秘密。如此高的盈利不但对苹果公司有利，对于两国间比较优势贸易商品的交换也是有利的。

而我国作为“山寨”手机的大国，将“山寨”手机品牌化也是大势所趋。与其因为不符合国际惯例和已有规则就全面打压“山寨”手机，不如正确引导其符合已有规则并参与竞争。“山寨”手机的超长待机和超大铃声在某一个特定客户群体面前也会成为优势，引导“山寨”手机正规化并品牌化，发挥其超长待机的优势比全面打压“山寨”手机更加符合竞争原则。并且，新型“锂电”技术与品牌手机的结合也会提高其品牌优势，当供能得到保证，处理器、屏幕耗电等问题都能够得到更好的补偿，以此为基础开发特点鲜明的界面、更具人性化的应用和树立更有竞争力的品牌形象就成为中国手机界的比较优势。通常情况下，创新与兴趣培养相似，都是容易被抹杀而不容易被塑造的，因此，建设创新型国家最核心的问题就是多引导少打压，多宽容少规划。

“锂电”科技革命的目的不在于预测，而在于使中国（国有企业）能够站在新变革的优势端，利用先发优势争取更大的利润，从而产生更富余的推动力，推进我国中国特色社会主义的经济、社会发展。新结构经济学的禀赋发展理论指出了赶超式发展的可能性，而在中国“锂电”就有其禀赋优势。赵晏强、李金坡（2012）分析表明锂电池领域的申请量近年来呈快速增长趋势，中国申请人的申请量占到所有申请量的81%，技术指标分析揭示出中国锂电技术在中国已处于成熟阶段。[①] 张剑波等（2012）指出，在每两年举行一次的国际锂电会议（International Meeting on Lithium Batteries, IMLB）上，中国的研究人员报道了大量的最新研究成果，展示了我国在锂离子电池领域的研究开发实力，这些成果将为我国锂离子电池产业发展奠定坚实的基础。[②]

哪怕新的技术革命不是“锂电”革命，新的技术变革也必将来临，具有长远眼光，站在引领者的角度面对问题必然使得中国面对变化更具大国

① 赵晏强、李金坡：《基于中国专利的锂电池发展趋势分析》，载《情报杂志》2012年第1期，第35－40页。

② 张剑波等：《锂离子电池及材料发展前瞻——第16届国际锂电会议评述》，载《中国科学：化学》2012年第8期，第1252－1262页。

优势。总的来说，原料储存和大宗商品交易市场[①]的构建，基于产业链视角的技术积淀和人才培养，清洁能源的利用与城镇化，包容性的科技兴国战略不仅在“锂电”科技革命的视角是可用的，只要是有新的技术变革到来，此逻辑或范式都是可用的，具有广泛性。

（二）原料的储存与大宗商品交易市场的构建

“锂电”技术所用的材料不只有金属锂，锂矿只是“锂电”原材料的一种材料来源。组成“锂电”的原材料庞杂，锂是重要组成部分，单一从控制原材料供给和贸易的角度看，大量储备锂矿是有利的。但是，站在产业链和高附加值的角度，若想在“锂电”科技革命中占据先发优势，必须具备多种原材料的储备，例如，镍、钴、锰等，并且具备相关的技术和人才。而原料储备最直接的目的是控制价格，控制价格最好的方式是将材料和市场共同掌握，因此构建相关原材料和“锂电”初级产品的大宗商品交易市场是非常重要的。而大宗商品交易市场的构建除了需要占据原材料优势以外，同样重要的是大宗商品交易市场的运营能力和影响力。而从宏观经济的角度来看，建立大宗商品交易市场与货币的硬通程度是正相关的，如果在世界范围内，中国经济能够具有话语权，货币的硬通程度是与中国综合国力正相关的。换言之，大宗商品交易市场、货币地位、中国综合国力是相辅相成的。总的来说，囤积“锂电”相关原材料，构建在全球范围内有影响力的“锂电”相关原材料的大宗商品交易市场对中国经济站在“锂电”科技革命的优势端是有利的。

构建“锂电”相关的大宗商品交易市场，还需要人才、技术等前期积淀，这可以通过其他产品的大宗商品交易市场获得。也就是说，其他产品的大宗商品交易市场的成熟发展是必要的，因此从储立未来的角度看，中国应当重视大宗商品交易市场的建立和发展，尤其是人才和技术的储备。这不仅是为了“锂电”科技革命的预测。从金融理论来看，货币只是一般等价物，纸币之所以有购买力是因为信用被承认，而信用被承认除了倚仗

---

① 当前我国期货交易市场主要有上海期货交易所、郑州商品交易所、大连商品交易所，均为事业单位，都属于国有性质。

发行方的综合国力以外，更加直接的是交易市场是否承认被使用的货币的信用。如果交易市场在中国，那么人民币将是硬通的，这对于控制价格和占领贸易优势是非常重要的。当中国能够控制价格并占领贸易优势时，超额利润或者说相对更富余的推动力就有了来源，这足以补偿改革过程中无法避免的摩擦所导致的损耗。

（三）基于产业链视角的技术沉积和人才培养

产业链两端的利润高已经不是什么行业秘密，产业链两端关乎着产品是否能存在和产品是否能够被销售一空，而这在产品的生产和再生产过程中是很难被替代的。简而言之，在一个产品从研发到量产再到销售的过程中，相关的工作越难以替代越可以多产生利润。也就是说，如果产业链中段能够达到难以替代的重要性，那么产业链中段的利润也可以得到保证。然而，现实表明，随着低价劳动力优势的消失，曾经的中国制造正在向东南亚其他国家偏移，中国制造走中国创造之路已经迫在眉睫。由此不难看出，中国创造的核心内容就是占据产业链优势，而占据产业链优势的关键就在于更难被替代。当前，我国的产业升级主要还停留在城镇化和技术高投入的思路上，城镇化对于三产业（第一、二、三产业）的就业人口流转是有效的，技术的高投入对于产品生产的效率提高就更明显。但是，以投资换利润的思路，在国内竞争中并不可行。如果投资不能够换来超额利润，那么投资就很容易陷入以投资换再投资的泥潭，而在国内竞争中超额利润的获得等同于扼杀了产业链上下游的利润，这种发展方式能够造就几个世界级的大企业，但是以大规模投资换来的几个世界级的大企业绝不意味着发展的成就。尤其是在用大规模投资换来的世界级大企业在国内保持超额利润优势，但在国外不去争取和维护这种优势的时候。

产业升级的启动需要人为的大规模投资，但是产业升级的维系需要的是技术和人才的积淀，这都是需要长时间积累的。但是，由于自身的跟随者角色，技术和人才的积淀不足直接导致了产业升级只能靠人为的大规模投资维系。为此，争取先发者优势就非常重要，在“锂电”科技革命的背景下，政策应当向相关的技术沉淀和人才培养方面倾斜，为“锂电”科技革命提供支持或援助，成立“锂电”发展小组和“锂电”行业发展协会，从而成为我国产业升级转型的突破口；并且，清洁能源的利用与开发已经有了一些成功的探索，具备一些既定的模式，某些发展思路可以用于“锂电”领域。

参 考 文 献

[1] 张浩. 新中国建立初期国营经济的产生及其历史作用：以北京市情况为例 [J]. 企业导报，2009 (10)：10－13.

[2] 涂克明. 国营经济的建立及其在建国初期的巨大作用 [J]. 中共党史研究，1995 (2)：44－48.

[3] 谷书堂，谢思全. 国有企业改革的回顾与思考 [J]. 经济纵横，2002 (9)：2－6.

[4] 王占阳. 从新民主主义国营经济到社会主义国营经济：关于毛泽东新中国国营经济性质思想演变的历史考察 [J]. 史学集刊，2004 (3)：53－61.

[5] 陈士军. 对国营经济在中国领导地位确立及作用的历史考察 [J]. 河南大学学报（社会科学版），2006 (1)：98－101.

[6] 马克思.《政治经济学批判》序言 [M] //马克思，恩格斯. 马克思恩格斯选集：第2卷. 北京：人民出版社，2013：82－83.

[7] 马克思，恩格斯. 马克思恩格斯选集：第1卷 [M]. 北京：人民出版社，2013.

[8] 马克思. 马克思恩格斯选集：第2卷 [M]. 北京：人民出版社，2013.

[9] 恩格斯. 马克思恩格斯选集：第3卷 [M]. 北京：人民出版社，2013.

[10] 马克思. 哥达纲领批判 [M] //马克思，恩格斯. 马克思恩格斯选集：第3卷. 北京：人民出版社，2013.

[11] 列宁. 列宁选集：第2卷 [M]. 北京：人民出版社，2012.

[12] 列宁. 国家与革命 [M] //列宁选集：第3卷. 北京：人民出版

社，2013.

［13］毛泽东. 关于党在过渡时期的总路线［M］//中共中央文献编辑委员会编. 毛泽东著作选读：下册. 北京：人民出版社，1986：704－705.

［14］张宇，张晨，蔡万焕. 中国经济模式的政治经济学分析［J］. 中国社会科学，2011（3）：69－84.

［15］刘国光. 中国模式让我们有望最先复苏［J］. 红旗文稿，2009（11）：39.

［16］程恩富. 中国模式的经济体制特征和内涵［J］. 经济学动态，2009（12）：50－54.

［17］杨记军，逯东，杨丹. 国有企业的政府控制权转让研究［J］. 经济研究，2010（2）：69－82.

［18］张维达. 正确认识国有经济的有进有退［J］. 经济学动态，2000（11）：21－24.

［19］厉以宁. 关于民营经济的几个问题［J］. 经济学动态，2004（8）：15－16.

［20］樊纲. 国资管理缺失"最高决策机制"［J］. 中国企业家，2005（3－4）：68－69.

［21］林毅夫，李志赟. 政策性负担、道德风险与预算软约束［J］. 经济研究，2004（2）：17－27.

［22］张维迎. 公有制经济中的委托人——代理人关系：理论分析和政策含义［J］. 经济研究，1995（4）：10－20.

［23］刘小玄. 国有企业与非国有企业的产权结构及其对效率的影响［J］. 经济研究，1995（7）：11－20.

［24］JEFFERSON GARY H，SU JIAN. Privatization and restructuring in China：evidence from shareholding Ownership 1995－2001［J］. Journal of comparative economics，2006，34（1）：146－166.

［25］胡一帆，宋敏，张俊喜. 中国国有企业民营化绩效研究［J］. 经济研究，2006（7）：49－60.

［26］李远勤，张祥建. 中国国有企业民营化前后的绩效对比分析［J］. 南开经济研究，2008（4）：97－107.

［27］刘小玄. 国有企业改制模式选择的理论基础［J］. 管理世界，2005（1）：102－110.

［28］刘瑞明，石磊. 国有企业的双重效率损失与经济增长［J］. 经济研究，2010（1）：127－137.

［29］HOLZ C A. The unbalanced growth hypothesis and the role of the state：The case of China's state－owned enterprises［J］. Journal of development economics，2011，96：220－238.

［30］周新城. 俄罗斯的全面私有化之痛［J］. 国企，2011（6）：44－49.

［31］杨承训. 私有化：灾难性“非均衡模型”——《国有企业民营化的均衡模型》质疑［J］. 南方经济，2005（11）：31－34.

［32］朱晓宁. “国进民退”：现实的选择——论“国进民退”在当前经济形势下的必然性［J］. 经济与社会发展，2010（10）：43－46.

［33］张晨，张宇. “市场失灵”不是国有经济存在的依据——兼论国有经济在社会主义市场经济中的地位和作用［J］. 中国人民大学学报，2010（5）：38－45.

［34］宗寒. 国有经济读本［M］. 北京：经济管理出版社，2002：45－65.

［35］刘国光. 共同理想的基石：国有企业若干重大问题评论［M］. 北京：经济科学出版社，2012.

［36］杨小凯. 经济学：新兴古典与新古典框架［M］. 张定胜，张永生，李利明，译. 北京：社会科学文献出版社，2003.

［37］泰勒尔. 产业组织理论［M］. 张维迎，总译校. 北京：中国人民大学出版社，1997.

［38］亚当·斯密. 国民财富的性质及其原因的研究［M］. 北京：中国华侨出版社，2019.

［39］于良春. 论自然垄断与自然垄断产业的政府规制［J］. 中国工业经济，2004（2）：27－33.

［40］徐传谌，艾德洲. 新制度经济学视角下的国有企业效率研究［J］. 学习与探索，2012（4）：95－98.

［41］保罗·萨缪尔森，威廉·诺德豪斯. 经济学：第17版［M］. 萧琛，主译. 北京：人民邮电出版社，2004.

[42] 李俊江，史本叶，侯蕾. 外国国有企业改革研究 [M]. 北京：经济科学出版社，2010.
[43] 胡岳岷，任春良. 西方市场经济国家的国有企业：一个演化视角的分析 [J]. 中央财经大学学报，2005 (7)：60 - 62.
[44] 邱力生. 德国、法国对国有企业管理的评介与借鉴 [J]. 经济评论，1998 (1)：70 - 75.
[45] 潘华实. 日本国有企业管理体制及其启示 [J]. 当代亚太，1999 (3)：43 - 47.
[46] 李华. 发达国家对国有经济管理的经验借鉴 [J]. 经济社会体制比较，2001 (4)：48 - 53.
[47] 科斯，等. 财产权利与制度变迁 [M]. 刘守英，等，译. 上海：上海人民出版社，2004.
[48] 弗里德曼. 资本主义与自由 [M]. 张瑞玉，译. 北京：商务印书馆，2004.
[49] 哈耶克. 通往奴役之路 [M]. 王明毅，等，译. 北京：中国社会科学出版社，1997.
[50] 魏伯乐，奥兰·扬，马赛厄斯·芬格. 私有化的局限 [M]. 周缨，王小卫，译. 上海：上海人民出版社，2006.
[51] 艾瑞克·G. 菲吕博顿，鲁道夫·瑞切特. 新制度经济学 [M]. 孙经纬，译. 上海：上海财经大学出版社，1998.
[52] H. 培顿·扬. 个人策略与社会结构：制度的演化理论 [M]. 王勇，译. 上海：上海人民出版社，2004.
[53] 张军，王祺. 权威、企业绩效与国有企业改革 [J]. 中国社会科学，2004 (5)：106 - 116.
[54] 杨春学. 中国经济模式与腐败问题 [J]. 经济学动态，2011 (2)：45 - 51.
[55] 丛亚平，李长久. 中国基尼系数实已超 0.5 财富两极分化 [N]. 经济参考报，2010 - 05 - 21.
[56] 徐传谌，何彬，艾德洲. 逐步实现共同富裕必须发展和壮大国有经济 [J]. 马克思主义研究，2014 (9)：51 - 61.
[57] 盛斌，纪然. 国际投资协议中国民待遇原则与清单管理模式的比较研

究及对中国的启示 [J]. 国际商务研究, 2015 (1): 5 - 17.

[58] 张之光, 陈春燕. 国民待遇的产生、演变及实质透析 [J]. 当代经济研究, 2000 (7): 38 - 40.

[59] 赵玉敏. 国际投资体系中的准入前国民待遇: 从日韩投资国民待遇看国际投资规则的发展趋势 [J]. 国际贸易, 2012 (3): 46 - 51.

[60] 胡加祥. 国际投资准入前国民待遇法律问题探析: 兼论上海自贸区负面清单 [J]. 上海交通大学学报 (哲学社会科学版), 2014 (1): 65 - 73.

[61] 毛志远. 美国 TPP 国企条款提案对投资国民待遇的减损 [J]. 国际经贸探索, 2014 (1): 92 - 100.

[62] 白洁, 苏庆义. CPTPP 的规则、影响及中国对策: 基于和 TPP 对比的分析 [J]. 国际经济评论, 2019 (1): 58 - 76.

[63] 单文华. 外资国民待遇及其实施条件 [J]. 中国社会科学, 1998 (5): 128 - 142.

[64] 吴敖祺, 廖若. "自由体制" 与中国改革战略 [J]. 文化纵横, 2013 (6): 68 - 73.

[65] 松下满雄. 世界贸易组织的基本原则和竞争政策的作用 [J]. 朱忠良, 译. 环球法律评论, 2003 (1): 49 - 58.

[66] 余莹. 中国入世议定书关于国企补贴的特殊条款及其影响 [J]. 知识经济, 2013 (2): 5 - 6.

[67] 陈志武. 中国经济模式转型的挑战 [N]. 经济观察报, 2009 - 07 - 06 (41).

[68] 金碚. 三论国有企业是特殊的企业 [J]. 中国工业经济, 1997 (7): 5 - 9.

[69] 邓子基. 对国家财政 "一体两翼" 基本框架的再认识 [J]. 当代财经, 2003 (9): 23 - 27.

[70] 米尔顿·弗里德曼. 资本主义与自由 [M]. 张瑞玉, 译. 北京: 商务印书馆, 1986.

[71] BOWEN H R. Social responsibilities of the businessman [M]. New York: Harper&Row, 1953.

[72] CARROLL A B. A three-dimensional conceptual model of corporate per-

formance [J]. The academy of management review, 1979 (4).
[73] 李正. 企业社会责任与企业价值的相关性研究：来自沪市上市公司的经验证据 [J]. 中国工业经济, 2006 (2): 77-83.
[74] 万莉, 罗怡芬. 企业社会责任的均衡模型 [J]. 中国工业经济, 2006 (9): 117-124.
[75] 杨叔子, 吴波. 先进制造技术及其发展趋势 [J]. 机械工程学报, 2003 (10): 73-78.
[76] 林毅夫. 后发优势与后发劣势：与杨小凯教授商榷 [J]. 经济学 (季刊), 2003 (3): 989-1004.
[77] 林毅夫, 张鹏飞. 后发优势、技术引进和落后国家的经济增长 [J]. 经济学 (季刊), 2005 (4): 53-74.
[78] 赵晏强, 李金坡. 基于中国专利的锂电池发展趋势分析 [J]. 情报杂志, 2012 (1): 35-40.
[79] 张剑波, 等. 锂离子电池及材料发展前瞻：第16届国际锂电会议评述 [J]. 中国科学：化学, 2012 (8): 1252-1262.